"中国STEM教育2029行动计划"丛书

王 素 主 编 / 李 佳 袁 野 副主编

STEM
与人工智能

汤淑明 / 主 编

张冬梅 / 副主编

教育科学出版社

·北 京·

出 版 人　郑豪杰
项目统筹　殷　欢
责任编辑　杨凯钦
版式设计　徐丛巍　杨玲玲
责任校对　贾静芳
责任印制　叶小峰

图书在版编目（CIP）数据

STEM与人工智能/汤淑明主编. —北京：教育科
学出版社，2023.7（2024.12重印）
　　（"中国STEM教育2029行动计划"丛书/王素主编）
　　ISBN 978-7-5191-3478-5

Ⅰ. ①S… Ⅱ. ①汤… Ⅲ. ①人工智能–教学研究–
中小学 Ⅳ. ①G633.672

中国国家版本馆CIP数据核字（2023）第066907号

"中国STEM教育2029行动计划"丛书
STEM与人工智能
STEM YU RENGONG ZHINENG

出 版 发 行	教育科学出版社			
社　　　址	北京·朝阳区安慧北里安园甲9号	邮　　编	100101
总编室电话	010-64981290	编辑部电话	010-64989527
出版部电话	010-64989487	市场部电话	010-64989009
传　　真	010-64891796	网　　址	http://www.esph.com.cn
经　　销	各地新华书店		
制　　作	北京京久科创文化有限公司		
印　　刷	唐山玺诚印务有限公司		
开　　本	720毫米×1020毫米　1/16	版　　次	2023年7月第1版
印　　张	17.75	印　　次	2024年12月第2次印刷
字　　数	232千	定　　价	59.80元

丛书编委会

本书编委会

主　编: 汤淑明

副主编: 张冬梅

主　审: 陈　果　杜清秀

编　委: (以姓氏拼音排序)

梁　惠　马纪梅　徐　冬

杨　阳　袁中果　张小景

丛书序一

我国改革开放以来的发展经验表明，人才，尤其是科技人才是国家实现从富起来到强起来伟大飞跃的重要资源。党和国家领导人历来对人才工作高度重视，从邓小平同志提出"尊重知识，尊重人才"，到习近平总书记提出"人才是第一资源"，无不体现了这一点。现今，在我国迈向第二个百年奋斗目标的新征程上，科技人才的重要作用更加凸显。一方面，在后疫情时代全球经济增长放缓、"贸易战"频发、大国力量对比变化等影响下，"技术脱钩""教育脱钩"等正成为阻碍全球发展的重要因素，国际环境日趋复杂；另一方面，新一轮科技革命和产业革命的加速拓展使得全球创新版图正在重构，抢占科技制高点的竞争将更加激烈。

在这样的背景下，科技人才自主培养就成为我国建设现代化强国的重要保障，也赋予教育新的重要时代使命。在过去，我们的教育虽不及发达国家，但可以充分利用"超级全球化"的红利和机会，通过广泛的教育与科研国际合作交流弥补我们在科技人才培育上的不足；但是在当今全球化受阻、"逆全球化"势力抬头的背景下，原来的科技领域国际合作交流路径障碍重重，所以必须对教育发展做出新的调整与规划，"提高人才供给自主可控能力"。正如习近平总书记《在中国科学院第二十次院士大会、中国工程院第十五次院士大会、中国科协第十次全国代表大会上的讲话》中所指出的："培养创新型人才是国家、民族长远发展的大计。当今世界的竞争说到底是人才竞争、教育竞争。要更加重视人才自主培养，更加重视科学精神、创新能力、批判性思维的培养培育。"①

---

① 习近平. 在中国科学院第二十次院士大会、中国工程院第十五次院士大会、中国科协第十次全国代表大会上的讲话［EB/OL］.（2021-05-28）［2022-10-08］. http://www.gov.cn/xinwen/2021/05/28/content_5613746.htm.

虽然高等教育直接关系到科技人才，特别是创新科技人才的培养，但是中小学教育阶段所发挥的奠基性作用也不容忽视。国内外研究均表明，许多大科学家对科学的终身兴趣始于童年，所以从小保护好学生的科学兴趣并且让其一直持续下去就非常重要。另外，科学精神、科学思维等是成长为科学家的必备素养，而这些素养需要从小培育。相比于西方发达国家，我们目前的科学教育体系还存在着不少问题，这也是目前我国面临技术"卡脖子"难题的重要根由。在这里，我愿意结合我自己的学习与工作经历，就中小学阶段的科技人才培养谈几个需要关注的问题。

第一，如何进一步提高理科教育在中小学的地位。在过去，我们有"学好数理化，走遍全天下"的口号，影响了一批又一批的高中生在高中文理分科时选择理科，在高考志愿填报时选择理工类专业。近些年来，在取消文理分科后，不少学生在选择高考科目时避难就易，再加上缺少必要的指导，使得物理、化学、生物学等科目的受重视度不够。而从国际发展经验和相关研究来看，科学领域的人才培养需要从青少年时期抓起，这已经成为国际共识。以美国为例，美国在科学和工程教育上处于世界领先地位，而美国2022年发布的《学前至小学阶段的科学与工程：儿童聪慧与教育者优势》强调指出：应该从学前阶段就开始进行科学和工程教育，包括重视学习环境建设、注重学科整合、加强课程资源和教师队伍建设等。①

第二，如何改革理科课程、教学与评价体系，以更好地培养中小学生的科学兴趣与科学思维。经过改革开放几十年以来的发展，我国的中小学教育已经解决了"有学上"的普遍需求，随着社会主要矛盾转化为"人民日益增长的美好生活需要和不平衡不充分的发展之间的矛盾"，人们对教育的需求也开始向"上好学"转变。教育的"内卷"成为一种突出的社会现象，中小学理科教育的应试

---

① National Academies of Sciences，Engineering，and Medicine. Science and Engineering in Preschool Through Elementary Grades: The Brilliance of Children and the Strengths of Educators[M/OL]. Washington，D. C. : The National Academies Press，2022[2022−10−08]. https://doi.org/10.17226/26215.

化现象仍然没有得到有效解决。中国科学院2021年针对220多位院士的调研结果显示，79.1%的院士认为基础教育阶段的过度"刷题"磨灭了学生的好奇心与科学兴趣。[①] 解决这一问题，需要科学的制度设计，其中，课程、教学与评价体系的改革既是关键，也是基础。

第三，如何开发和利用好校外科学教育学习资源。课外的科学学习资源对于扩大学生视野、激发学习热情具有重要的价值。我在上中小学的时候，科学方面的课外图书资源相当有限，还是高中时读到的《化石》杂志激起了我对古生物学的兴趣。通过课外阅读，我开始了最初关于生物进化的思考，并在高考时选择了古生物学专业，最终走上古鸟类研究之路，推究原因，也正是源于青少年时期这段启蒙经历。现在的课外学习资源除了纸质的书籍外，还有各种各样的电子资源，比我们那时丰富了不少，所以要有效利用起来。国外在这方面已经形成了一些成熟的做法。例如，美国课后联盟（The Afterschool Alliance）发布的报告显示：2020年，73%的家长反映他们的孩子课外学习项目中有STEM学习的内容，60%的家长反映他们的孩子每周至少参与两次STEM活动[②]；57%的社区图书馆会为学龄前儿童提供STEM课程，87%的图书馆会为小学生提供STEM课程等[③]。站在新的历史起点，参考他山之石，我们在推进中小学科学教育方面，更要充分利用现有资源，加快探索步伐。

上述这些问题的解决不可能一蹴而就，可以在有条件的地区通过实验性的实践来进行探索，这既需要理论研究为之廓清方向，更需要有效的实践操作指导以及相应的案例分享。中国教育科学研究院王素研究员集多年研究主编的这

---

① "我国数理化基础学科教育若干重大问题研究"课题组 . 我国数理化基础学科教育若干重大问题研究（咨询报告）[R] . 北京：中国科学院，2021.

② The Afterschool Alliance. STEM Learning in Afterschool on the Rise, But Barriers and Inequities Exist [R/OL] .（2021-08）[2022-10-08] . http://afterschoolalliance.org/documents/AA3PM/AA3PM-STEM-Report-2021.pdf.

③ The Afterschool Alliance. Community STEM Collaborations that Support Children and Families [R/OL] .（2020）[2022-10-08] . http://afterschoolalliance.org/documents/Community-STEM-Collaborations-that-Support-Children-Families.pdf.

套"中国STEM教育2029行动计划"丛书涉及科学教育的课程设置、教学设计、学生评价、教师专业发展、优秀案例呈现等方方面面,相信会对相关的改革实践提供有价值的参考,并发挥积极作用。

中国科学院院士

教科版小学《科学》教材主编

丛书序二

我们正处在一个大变革的时代，科技革命日新月异，全球格局正在重塑，大国博弈日趋激烈。国际竞争的根本在于人才的竞争，特别是高科技人才的竞争，因此很多国家把科学、技术与工程教育置于国家的战略地位，认为STEM教育与科技人才的培养关乎国家安全和人才竞争。我国要在2035年基本实现社会主义现代化，进入创新型国家前列，实现建成人才强国的战略目标，加快建设世界重要人才中心和创新高地，其中，STEM教育对于我国培养科技人才、提升青少年的科技素养具有重要意义。

中国教育科学研究院于2017年成立了STEM教育研究中心，并发布了《中国STEM教育白皮书》，提出了"中国STEM教育2029行动计划"。该计划提出，中国的STEM教育要有顶层设计，要实现大中小学的贯通培养，要利用社会资源建立STEM教育生态，发展一批STEM领航学校和种子学校，培养一批STEM种子教师，并开展系列的促进STEM教育发展的活动。几年来，我们努力发挥科研的引领作用，通过建立STEM教育协同创新中心、召开STEM教育发展大会、开展相关课题研究等推动中国中小学STEM教育的发展，并取得了一定的成效。同时，在对中国STEM教育的调研中我们发现，大部分学校和教师对STEM教育有一定的认识，但是缺乏系统的知识和有效开展STEM教育的方法。因此，我们在2020年组织STEM教育领域的相关专家进行了一系列研讨，希望给教师提供一套完整的、实用的STEM教育案头书，书中既有相关理论的阐述，又有可操作的案例，由此诞生了"中国STEM教育2029行动计划"丛书。

丛书共12本，包括《数字化转型中的STEM教育》《STEM课程设计与实施》《STEM学科教学：链接与赋能》《STEM教师的跨学科成长》《STEM教学设计与评价》《STEM活动与竞赛》《未来学校设计：STEM空间营造》《STEM与工程思维》《STEM与设计思维》《STEM与计算思维》《STEM与创新思维》

和《STEM与人工智能》。

《数字化转型中的STEM教育》重点梳理了STEM教育的相关理论以及在数字化转型的大背景下STEM教育的基本特征。书中提出，STEM教育更关注学生跨学科整合能力和问题解决能力的培养，而数字化转型对学生提出的能力要求中，跨学科知识、认知和元认知技能、创造新价值、协调矛盾和应对困境等方面都与STEM教育的目标相符。STEM教育将成为支撑数字化转型的重要方式之一。书中对STEM教育的跨学科性、情境化、实践性、素养导向性、智能化和创新性的阐述对落实新课标提出的学科实践、跨学科整合都具有参考价值。

学校教师非常关注如何在学校现有的课程体系下设计和开展STEM教育。我们认为STEM不是一门课程，而是一个课程群，涵盖的内容非常广泛，在学校的实施形式也是多样化的，包括学科教学、跨学科项目、活动、竞赛等。针对当前教师面临的主要挑战，我们组织了6本书来系统地阐述如何进行STEM课程设计与实施。

其中，《STEM课程设计与实施》一书阐述了STEM课程建设的本质、模式与特征。这本书提出，STEM课程的设计与开发首先须遵循课程开发的基本规范，聚焦课程的定位、课程的价值取向、课程的构建、课程的目标、课程的实施与课程的评价等六方面。其次，STEM课程是体现跨学科融合的综合课程。最后，STEM课程是项目式课程。和所有的项目式课程一样，它在设计开发与实施时是以真实项目为驱动的。这种界定对于学校建设STEM课程非常有价值。书中还对STEM课程目标设计、内容开发、内容来源与转化、实施路径及评价都进行了系统的论述，并给出了不同类型的STEM课程案例供读者参阅。

STEM分为广义和狭义之说，其本质是跨学科教育，但在当前学科教学占据绝大部分时间的情况下，如何在学校开展STEM教育？我们从学科教学、跨学科教学、活动与竞赛等不同的STEM教育形态出发向教师们展示如何开展STEM教育。

《STEM学科教学》这本书有个副标题：链接与赋能，表明了本书作者对STEM与学科教学关系的认识。在作者看来，当下随着新课标的发布，课程改革已经进入了以"提质增效"为特征的深化阶段，学科教学还可以在关注学生的问题解决能力、跨领域合作交往能力以及学习活动设计与实施的有效性、学科之间的有机整合、信息技术与学科学习的深度融合等方面进行改进。这其中就体现了STEM教育对学科教学的赋能。STEM教育的跨学科性、项目式的学习方式，强调在真实世界中创造性地解决问题的能力，不正是新课标期待学科教学完成的目标吗？如何实现这种赋能呢？这就是链接的作用。欢迎读者进一步阅读这本书，挖掘更多学科教学与STEM教育的关系。

STEM教育最典型的特征就是跨学科融合，这也是新课标所强调的。很多老师对跨学科教学感到陌生，不知道如何应对，所以我们专门写了一本《STEM教师的跨学科成长》。这本书以活泼新颖的视角阐释了跨学科的演变过程，并从学识、思维、视角、技能四个方面给出了教师的跨学科成长路径。读完这本书，相信你会深受启发，积极走上跨学科成长之路。

STEM教学如何设计与评价？我们也专门用一本书来进行阐述。新课标强调素养导向的教育，强调"教—学—评"一体化，这些理念在STEM教学中如何实现？STEM教学是否有独特的教学模式和有效的教学策略？作为一种项目式学习，STEM教学又如何实现通过评价促进学生核心素养的发展？如何设计和使用STEM学习评价量表？《STEM教学设计与评价》一书对此给出了积极的回应，并结合STEM学习的创新案例帮助大家对这些问题有更清晰的认识。

STEM教育在中国经历了演变的历程，科技教育曾经是更为我们所熟知的名字，尤其是科技活动和竞赛，学校和学生都很喜欢，参与度高。伴随着课程改革，学校设置了小学科学、中学理科课程、通用技术、信息科技、综合实践等有关课程，并开设有社团、校本课程以及科技节等多样的、丰富多彩的课程与活动。STEM教育与原有的很多科技活动和竞赛有着传承关系。学校和校外如何组织、设计STEM活动与竞赛？它们与学校的课程是什么关系？不同学段的STEM活动有什么特点？有哪些典型的STEM活动与竞赛？STEM活动与竞赛如何体现育人功能？《STEM活动与竞赛》一书对此进行了有意义的探索。

相比于常见的学科教学，STEM教育具有很大的特殊性，强调在真实的任务中解决问题,因此需要相应的空间、特殊的环境给予支持。什么样的学校空间是我们所期待的?它传递着怎样的理念?空间与教学和育人之间是什么关系?学习空间设计有哪些可能性?为了回答这些问题,我们专门写了一本《未来学校设计:STEM空间营造》。这本书无论是写作方式还是内容都非常具有创新性,它既有人文的叙事,又有哲理的思考,还给出了操作的方法。从中我们可以看到对学校设计方法论和流程的阐释,并通过具体案例了解到好的学校设计是如何诞生的,体会新的学习理念是如何影响空间设计的。

STEM教育特别注重学生思维方式的培养,我们用4本书阐述了4种重要的思维——工程思维、设计思维、计算思维、创新思维。在过去的学校教育中很多老师对这些思维的培养感到陌生,随着育人目标的改变,思维发展成为教育中极为重要的部分,特别是上述4种思维方式,无论学生将来从事什么职业,这几种思维培养好了,应对工作就会游刃有余。《STEM与工程思维》一书的作者从认知维度、能力维度和实践维度三个方面阐释了工程思维的价值、特点、思想方法,同时给出了运用工程思维解决问题的策略,以及工程思维教学案例及解析,为教师理解工程思维,有效开展教学实践提供了支持。

设计思维在各行业中应用广泛。有些中小学也开设了设计思维培养课程,但是大部分学校教师对设计思维及其教学还是陌生的。《STEM与设计思维》一书力图用一种设计思维的方式来写作,使用图文并茂的形式让读者一眼就可以看到设计思维的要义,并获得不一样的阅读体验。书中给出的大量案例也会让读者切身体会到设计思维的魅力,以及如何在教学中运用设计思维。

进入智能时代,面对全新的世界,人类不仅需要开发新的工具来控制和体验这些设备与技术,更需要全新的思维方式,使我们能够看透技术的本质,以创造性的、深思熟虑的和适当的方式理解并使用这些技术。从这个视角来看,计算思维作为运用计算机和互联网及其他信息处理代理有效执行人类构造和表述问题的思维方法,不仅是计算机科学家和数字工程师的专业兴趣,也将超越具体学科,成为这个时代最基本的思维方式。这是《STEM与计算思维》这本书中对计算思维的描述。计算思维将成为21世纪公民必备的基本思维智慧,成为与阅读、写作、算术一样的基本技能。如此重要的思维在中小学应该如何培养？本书作者对计算思维的本质、指向计算思维教育的STEM项目设计以及如何运用计算思维解决学科教学问题都做了系统阐述，并辅以案例说明。

创新思维是21世纪核心素养中的重要组成部分。对于创新思维大家既熟悉又陌生，熟悉的是在许多场景下都会提到创新思维的培养，陌生的是如何在学校教育中有效培养创新思维。创新思维可以赋能学生在不久的将来自如地应对工作、生活带来的挑战，也为社会带来更大的价值。赋能学生的前提是赋能学校，而这中间最重要的一环是赋能教师。教师如何设计教学活动激发学生的好奇心，使用什么方法和工具鼓励学生自主探索、应对挑战、学会从失败中学习，如何创建一个友善的环境，使用正确的沟通方式和学生对话、交流，值得每一位教师在阅读时深思。在这本《STEM与创新思维》中你还会了解到我国和新加坡多所学校的创新思维教学培养案例。

人工智能也是目前学校开展STEM教育的重要内容领域，因此我们特别编写了《STEM与人工智能》这本书，通过对各学段大量案例的展示与解析，让教师了解在STEM教育中如何开展人工智能相关内容的项目设计与实施。

我们期待这套STEM教育丛书能给教师提供更加全面了解STEM教育的机会，同时也希望这套书成为教师开展STEM教育的得力助手。我们还会开发与这套书配套的视频课程，使其成为STEM教师专业学习的有效资源。希望我们的努力能助推中国STEM教育的发展，更加希望我们这套书能成为正在阅读本书的你的好朋友。

王　素

中国教育科学研究院比较教育研究所所长

中国教育科学研究院 STEM 教育研究中心主任

前　言

炎炎夏日，小李的智能饭盒正在为他保鲜食物，午饭时间，它又自动将食物加热到适宜的食用温度，解决了小李吃饭的问题；小明正在兴致勃勃地观察房间里的智能浇花器，它能感应土壤的干燥程度，及时控制微型水泵向花盆浇水；校园里，伴读机器人正在亲切地向老师和同学们打招呼，它会适时报道校园里发生的新闻……。人工智能正悄无声息地影响着我们生活的方方面面，让孩子们从小就具有学习人工智能的意识和兴趣，不仅开发了他们的逻辑思维能力、编程能力、创造能力等，还为他们打开了一扇通往未来世界的大门。

人工智能是研究、开发用于模拟、延伸和扩展人类智能的理论、方法、技术及应用系统的一门技术科学。人工智能不仅涉及计算机科学、信息工程、自动化等专业的前沿研究领域，而且涉及认知科学、心理学、脑与神经科学、生命科学、语言学、逻辑学、行为科学、教育科学、哲学、经济学等众多学科领域，是一门典型的综合性交叉学科。

STEM 教育是一种集科学、技术、工程、数学等多学科融合的综合教育体系。它不是学科的简单组合，而是学科之间的深度融合。STEM 教育强调跨学科知识的综合应用，鼓励学生探索现实生活场景中的问题，它的魅力在于不完全以结果为导向，更注重学生在实践的过程中展现出来的探索精神、创造精神、团队精神、组织与领导能力和语言表达能力等。传统的课堂教学已逐渐不能满足未来人才培养的需求，而 STEM 教育可能是解决这一困境的一种途径，使会学习的人在未来竞争中处于优势地位。在 STEM 课堂中，教师需要在教学中解决哪些问题，在解决这些问题的过程中，需要用到哪些学科的哪些知识，正是目前 STEM 课堂重点关注的问题。

STEM 教育注重培养学生的跨学科能力、科学探究能力和问题解决能力，而人工智能教育侧重培养学生综合利用各个学科的知识，以交流合作的形式进行科技创新，这正与 STEM 教育的理念不谋而合。STEM 教育对于推动人工智能教育的发展有重要的作用。将 STEM 教育融入人工智能课堂教学中，对人工智能教育的发展有重要的意义。

本书共有八章：第一章是人工智能简介，介绍人工智能与人工智能教育是什么、人工智能教育在国内外的发展状况，以及人工智能在教育教学中的应用；第二章是中小学 STEM 教育与人工智能课程的现状和未来，介绍了 STEM 教育与人工智能教育在世界各国的发展状况、国内外中小学人工智能课程的现状和国内中小学人工智能课程的发展方向；第三章介绍了小学阶段人工智能课程的开发，主要包括小学人工智能课程目标的确定、课程内容的选取，以及教学的方式方法，小学人工智能课程评价的目的、方法、内容等；第四章介绍了小学人工智能课程开发的 5 个教学案例，为教师教学提供参考；第五章介绍了初中阶段人工智能课程的开发，主要包括初中人工智能课程的目标、教师应选择什么样的课程内容，以及教学所需的软硬件资源、教学的方式方法，初中人工智能课程评价的目的、方法、内容等；第六章介绍了初中人工智能课程开发的 5 个教学案例，带领教师体验初中人工智能课堂教学的全过程；第七章介绍了高中阶段人工智能课程的开发，主要包括高中人工智能课程的目标、教师应选择什么样的课程内容、教学的方式方法，以及高中人工智能课程评价的目的、方法、内容等；第八章介绍了高中人工智能课程开发的 5 个教学案例。书中每章都提供了"回顾与反思"，使读者能够通过对问题的解答，重新回顾并应用所学的知识，为下一步学习做好充分的准备。

人工智能技术对未来生活的影响是巨大的，爱玩是孩子们的天性，如何让他们在玩中学，在学中玩，让孩子们具备适应人工智能时代要求的知识和技能，是中小学教师在人工智能教学中需要解决的重要问题。本书提供了丰富的人工智能课程开发案例，以期对中小学教师的人工智能课堂教学有所启发。

感谢在本书编写过程中，提供帮助的各位老师和同人！感谢教育科学出版社的殷欢、杨凯钦编辑对本书的指导，感谢在本书编写过程中多次参与研讨的各位学者和专家：于忠岩、于晓雅，以及武晨等中国科学院自动化研究所自主智能系统实验室的各位老师！

目　录

第一章　人工智能简介

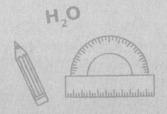

我们正处于一个飞速发展的时代，当你乘坐无人驾驶的汽车兜风时，当你去无人超市刷脸付款时，当你在清晨打卡上班时，当你在手机上用有声书软件听书时，当你在计算机上与阿尔法围棋（AlphaGo）下围棋时，你知道在这一切便利与舒适的背后，是什么在支撑吗？是人工智能。现如今，人工智能已经应用于我们生活中的各个领域，正在引起一场巨大的社会变革。

一、认识人工智能

认识人工智能，不得不从图灵说起。

英国著名学者阿兰·图灵（Alan Turing，如图
1-1-1 所示）通过"纸上下棋机"率先探讨了下棋与
机器智能之间的联系，他是举世公认的"人工智能
之父"。

图 1-1-1　阿兰·图灵

许多学者甚至认为，图灵不仅是"人工智能之父"，
还是"计算机之父"。曾担任过冯·诺依曼助手的美国
学者弗兰克尔这样写道："许多人都推举冯·诺依曼为'计算机之父'，然而
我确信他本人不会这样认为。他曾向我，并且我肯定他也曾向别人坚决强调：
如果不考虑巴贝奇、阿达和其他人早先提出的有关概念，第一个提出计算机的
基本概念的人是图灵。"

正是冯·诺依曼本人亲手把"计算机之父"的桂冠转戴在图灵头上，直
到现在，计算机界仍有一年一度的"图灵奖"，图灵奖被喻为"计算机界的
诺贝尔奖"，由美国计算机协会（Association for Computing Machinery，
ACM）颁发给世界上最优秀的计算机科学家。阿兰·图灵以其独特的洞察力
提出了大量有价值的理论，这些理论都已成为计算机发展史上不同阶段被追逐
的目标，并不断地被后续的发展证明其正确性。

图灵于 1912 年 6 月 23 日出生于英国伦敦，孩提时活泼好动。3 岁那年，
他在科学实验方面进行了首次尝试——把玩具木头人的胳膊掰下来种植到花园
里，想让它们长成更多的木头人。

1931 年，图灵考入英国剑桥国王学院。毕业后留校任教，不到一年，他就发表了几篇很有分量的数学论文，被选为国王学院最年轻的研究员（年仅 22 岁）。

1937 年，伦敦权威的数学杂志发表了图灵的一篇论文《论可计算数及其在判定问题中的应用》。作为阐明现代计算机原理的开山之作，这篇论文被永远载入了计算机的发展史册。这篇论文原本是为了解决一个基础性的数学问题：是否只要给人以足够的时间演算，任一数学函数就都能够通过有限次步骤求得答案？传统数学家当然只会想到用公式推导证明它是否成立，可是图灵却独辟蹊径地设想出了一台机器。

图灵设想的机器说起来很简单：该机器使用一条无限长的纸带，纸带被划分成许多方格，有的方格被画上斜线，代表"1"，有的方格没有画任何线条，代表"0"。该机器有一个读写头部件，可以从带子上读出信息，也可以在空方格里写下信息。该机器仅有的功能是：把纸带向右移动一格，可以把"1"变成"0"，或者把纸带向相反方向移动一格，把"0"变成"1"。

图灵对计算机科学的贡献并非只停留在"纸上谈兵"阶段。在第二次世界大战期间，图灵应征入伍，在战时英国情报中心"布莱切利园"从事破译德军密码的工作，与战友们一起制作了第一台密码破译机。在图灵的理论指导下，战时英国情报中心后来还研制出破译密码的专用电子管计算机"巨人"（Colossus），该计算机在盟军诺曼底登陆等战役中发挥了极其重要的作用。

1945 年，图灵带着英国授予的最高荣誉勋章，被录用为泰丁顿国家物理研究所高级研究员。由于有了在布莱切利的实践，他提交了一份"自动计算机"的设计方案，领导一批优秀的电子工程师，着手制造一种名叫 ACE（Automatic Computing Engine）的计算机。1950 年，ACE 计算机样机公开表演，被认为是当时世界上速度最快的电子计算机之一。

1948 年，图灵来到曼彻斯特大学任教，并被指定为该大学自动计算机项目的负责人。图灵大胆地提出了"机器思维"的概念，开创了计算机科学的重要领域——人工智能，为人工智能的研究确定了奋斗的目标，并指明了前进的方向。

（一）人工智能的定义

有的人可能会觉得"人工智能"这个词有点儿生僻，距离自己有点儿远；有的人可能会问："人工智能是用来淘汰人类的吗？它们冷冰冰的！"其实，人工智能离我们的生活一点儿都不远。大家都使用过微信，现在微信不仅有语音输入功能，还能将对方的语音转换成文字（如图 1-1-2 所示）。这就是人工智能技术之一的语音识别技术应用于人们现实生活的一个典型案例。

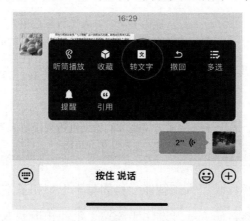

图 1-1-2　微信中的人工智能案例

那么，什么是人工智能呢？人工智能的英文全称是 Artificial Intelligence，简称 AI。不同于人类拥有的自然智能，人工智能是指机器展现出来的智能，因此人工智能也被称为"机器智能"。

由于人们还不能完全且严格地理解什么是智能，所以目前学术界对人工智能没有统一的定义。不同学者从不同的侧面对人工智能进行了描述，给出了他们对人工智能的一些理解，如表 1-1-1 所示。

表 1-1-1　不同学者对人工智能的理解

序号	学者姓名	对人工智能的理解
1	帕特里克·亨利·温斯顿（Patrick Henry Winston）[①]	人工智能是研究人类智慧的行为规律（如学习、计算、推理、思考、规划等），构造具有一定智能的人工系统，以完成往常需要人的智慧才能胜任的工作。（Winston，1984）
2	阿里·沙哈塞米（Arash Bahrammirzaee）[②]	人工智能是一门研究如何制造出类人的智能机器或系统，以模拟人类活动和思维，延伸和扩展人类智能的科学。（Bahrammirzaee，2010）
3	王万森	从能力上来看，人工智能是用人工的方法在机器上实现的智能；从学科上看，人工智能是一门研究如何构造智能机器或者智能系统，使它能够模拟、延伸和扩展人类智能的学科。（王万森，2011）
4	贾积有	人工智能是用人工的方法在机器上实现的一种智能，或者说是人们借助机器来模仿人类和其他生物的自然智能。（贾积有，2018）

　　以上这些说法都反映了人工智能学科的基本思想和基本内容，即人工智能是利用计算机和机器，研究、开发用于模拟、延伸和扩展人类智能的理论、方法、技术及应用系统的一门技术科学。

　　在人工智能被正式确立为一门学科之前，人工智能之父阿兰·图灵就已经提出了界定机器是否具有智能的测试方法——图灵测试：在测试者（一个人）与被测试者（一个人或一台机器）隔开的情况下，测试者通过一些装置（如键盘）向被测试者随意提问，进行多次测试后，如果测试者不能确定被测试者是人还是机器，那么被测试者就通过了测试，并被认为具有人类智能。

[①]　帕特里克·亨利·温斯顿（Patrick Henry Winston，1943—2019 年），计算机科学家。他被誉为人工智能领域的先驱，在自然语言处理和机器视觉领域都颇有建树。他所著的《人工智能》（*Artificial Intelligence*）不仅是麻省理工学院的教科书，也是人工智能领域的基础性著作。

[②]　阿里·沙哈塞米（Arash Bahrammirzaee），计算机科学家。

随着机器能力的逐步提升，很多任务不再需要"智能"技术来完成，比如已经获得广泛应用的光学字符识别技术，将不再被认为是人工智能技术，这种现象称为"人工智能效应"。（McCorduck，2004）因此，现在人们常说的"人工智能"一词，通常仅指目前尚未完全被实现的人工智能技术。

（二）人工智能的目标

人工智能的目标是达到强人工智能，也称为通用人工智能、完全人工智能，是具有像人一样的思维水平以及心理结构的、在各方面都能和人类比肩或者超越人类的人工智能。截至目前，强人工智能还未实现。

现阶段已经初步实现的人工智能是弱人工智能，也称为限制领域人工智能或应用型人工智能，是只能专注于解决特定领域问题的人工智能。比如垃圾邮件分类系统是一个可以帮助我们筛选垃圾邮件的弱人工智能；Google 翻译是一个可以帮助我们翻译各国文字的弱人工智能；阿尔法围棋（AlphaGo）是一个可以与世界围棋冠军对弈的弱人工智能。

相比于人类智能，弱人工智能缺乏常识推理能力。比如，人类可以理解空间、时间、相互作用等基本物理规律，而现有的人工智能却不能完全理解这些规律。再如，现有的汽车自动驾驶技术无法像人一样准确推断行人的意图，只能简单地通过模式识别或障碍物检测的方式避免交通事故。

创造强人工智能比创造弱人工智能要困难很多，但是每一次弱人工智能的创新，都是在给通往强人工智能的道路添砖加瓦。正如人工智能科学家亚伦·斯沃茨所说，现在的弱人工智能就像地球早期软泥中的氨基酸，可能突然之间就会形成生命。

（三）人工智能的发展历史

从 20 世纪 50 年代开始，人工智能的发展经历了漫长的过程，许多科学家、程序员、逻辑学家帮助和巩固了当代对人工智能思想的整体理解，差不多每过一个十年，人工智能研究的创新和发现都会改变人们对人工智能领域的认识。历史的不断进步，推动着人工智能从一个无法实现的幻想到当代和后代可以实现的技术。让我们进入历史的长河，一起沿着时间的足迹，来探究人工智能的发展历史吧！

1. 孕育阶段

孕育阶段主要是指 1950 年以前，如图 1-1-8 所示。自古以来，人们就一直试图用各种机器来代替人的部分体力和脑力劳动。虽然古代的技术无法与现代的人工智能技术同日而语，但是人工智能思想的雏形却早已产生。早在战国时期，《列子·汤问》中"偃师献技"的故事就独创了科学幻想的寓言，描述了一名叫偃师的匠人，其技艺精湛，用皮革、木头、树脂、漆、白垩、黑炭、丹砂等材料，制作出一个形似真人的歌舞演员，它能歌善舞，可以以假乱真。寓言中所描绘的自动人偶，正与现代人工智能机器人异曲同工。图灵在 1936 年提出了理想计算机的数学模型，即图灵机，为后来电子数字计算机的问世奠定了理论基础。1937 年，世界上第一台电子计算机阿塔纳索夫 - 贝瑞计算机诞生，它不可编程，仅仅被设计用于解线性方程组，是公认的计算机先驱。ENIAC（electronic numerical integrator and computer）于 1946 年运行成功，这是世界上第一台电子计算机，标志着电子数字计算机的问世，人类从此迈进了电子计算机时代。

如图 1-1-3 所示，人工智能的产生和发展绝不是偶然的，它是科学技术发展的必然产物。

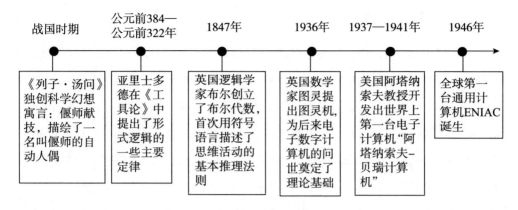

图 1-1-3　人工智能孕育阶段的发展历程

2. 形成阶段

形成阶段主要是指 1950—1980 年，如图 1-1-4 所示。人工智能概念被提出后，相继出现了一批令人瞩目的研究成果，如机器定理证明、跳棋程序等，掀起了人工智能发展的第一个高潮。但是，到了 20 世纪 70 年代，人工智能的发展因不符合预期而遭到了激烈的批评和政府的预算限制，人工智能的发展进入了第一个冬季。

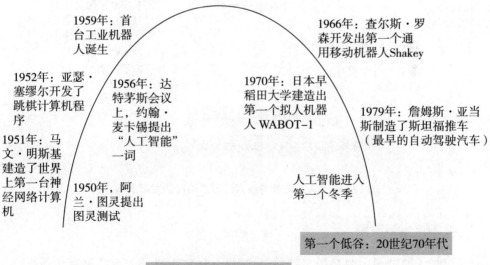

图 1-1-4　人工智能形成阶段的发展历程

3. 专家系统推广阶段

专家系统推广阶段主要是指 1980—2000 年，如图 1-1-5 所示。1980 年，一类名为"专家系统"的人工智能程序被全世界大部分相关领域的公司所采纳，人工智能的研究迎来了新的发展高潮，专家系统实现了人工智能与实践领域的融合。但随着人工智能的应用规模不断扩大，专家系统存在的应用领域狭窄、缺乏常识性知识、知识获取困难、推理方法单一、缺乏分布式功能、难以与现有数据库兼容等问题逐渐暴露出来。到 1984 年，人工智能研究再次遭遇财政困难，进入第二个寒冬。从 20 世纪 90 年代开始，网络技术，特别是互联网技术的发展，加速了人工智能的创新研究，促使人工智能技术进一步走向实用化。

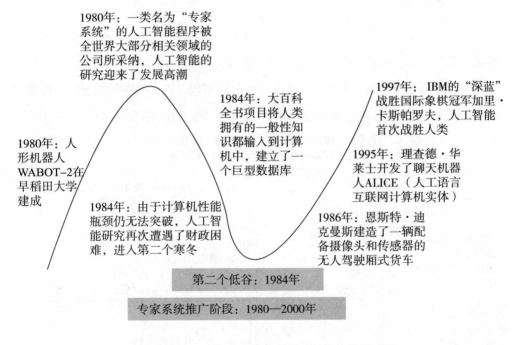

图 1-1-5　人工智能专家系统推广阶段的发展历程

4. 深度学习阶段

深度学习阶段主要是指 2000 年到现在，如图 1-1-6 所示。随着大数据、云计算、互联网、物联网等信息技术的发展，感知数据和图形处理器等计算平台的推动，以深度学习神经网络为代表的人工智能技术飞速发展，大幅跨越了科学与应用之间的"技术鸿沟"，诸如图像分类、语音识别、知识问答、人机对弈、无人驾驶等人工智能技术实现了从"不能用、不好用"到"可以用"的技术突破，迎来了爆发式增长的新高潮，人工智能教育也逐步渗透到国内课堂教学中。

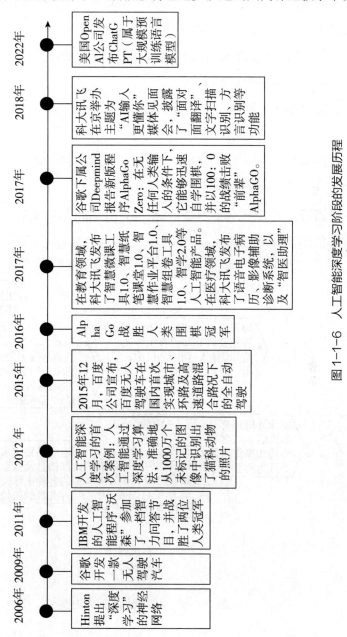

图1-1-6 人工智能深度学习阶段的发展历程

（四）人工智能的研究内容

人工智能的研究内容主要包括：知识表示、机器感知、机器思维、机器学习、机器行为等方面，具体研究内容如图1-1-7所示。

● **知识表示**。知识是一切智能行为的基础，首先要研究知识表示方法，把知识存储到计算机中，用于求解现实问题。

● **机器感知**。机器感知是使机器具有类似于人的视觉、听觉等感知能力，是机器获取外部信息的基本途径。

● **机器思维**。机器思维是对通过感知得来的外部信息及机器内部的各种工作信息进行有目的的处理。

● **机器学习**。机器学习是研究如何使计算机具有类似于人的学习能力，使它能通过学习自动地获取知识。

● **机器行为**。机器行为是使计算机具有表达能力，如说话、写字，以及移动和操作物体等行为的能力。

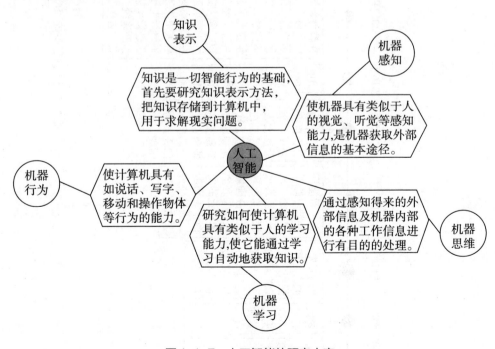

图1-1-7　人工智能的研究内容

（五）人工智能的三大学派

人类智能可以被机器精确描述并模拟是实现人工智能的前提假设，但由于人们对智能本质的理解和认识不同，目前人工智能领域尚未形成统一的理论和研究范式。（Nilsson，1983）人工智能研究的不同途径具有不同的学术观点，采用不同的研究方法，形成了不同的研究学派。

1. 符号主义学派

符号主义学派认为智能活动的基础是符号，智能行为通过符号操作来实现，着重于问题求解中的启发式搜索和推理过程。该学派在逻辑思维的模拟方面已经取得了成功，如自动定理证明和专家系统等。图1-1-8给出了一个符号推理的简单案例：当给定一定事实和规则后，智能系统便可以进行知识的推理。

事实一：王大强
是王老强的儿子

事实二：王大强
是王小强的爸爸

规则一：A是B的
儿子，则B是A的
爸爸

规则二：爸爸的
爸爸叫爷爷

王大强

王老强

王小强

询问智能系统：王小强怎么称呼王老强？

图1-1-8　一个符号推理的案例

1976年，艾伦·纽威尔①和赫伯特·西蒙②在美国计算机学会图灵奖演说中，提出了物理符号系统的假设：展现一般智能行为的物理系统的充要条件为它是一个物理符号系统。以符号主义的观点看，知识表示是人工智能的核心，认知就是处理符号，推理就是采用启发式知识及启发式搜索对问题求解，而推理过程又可以用某种形式化的语言来描述。符号主义主张用逻辑的方法来建立人工智能的统一理论体系，但是却存在"常识"问题，以及不确定事物的表示和处理问题，因此，物理符号系统受到了其他学派的批评。

通常，经典的人工智能是在符号主义观点指导下开展研究的。经典的人工智能研究又可以分为认知学派和逻辑学派。认知学派以赫伯特·西蒙、马文·明斯基③和艾伦·纽威尔等为代表，主张从人的思维活动出发，利用计算机进行宏观功能模拟。逻辑学派以约翰·麦卡锡④和尼尔斯·尼尔森等为代表，主张用逻辑来研究人工智能，即用形式化的方法描述客观世界。

2. 连接主义学派

连接主义学派从人的大脑神经系统结构出发，研究非程序的、适应性的、类似大脑性能的信息处理的本质和能力。该学派认为大脑是一切智能活动的基础，因而从大脑神经元及其连接机制出发进行研究，搞清楚大脑的结构以及它进行信息处理的过程和机理，揭示人类智能的奥秘，从而真正实现人类智能在机器上的模拟。这类人工智能通过人工神经网络的自主学习获得知识，再利用

---

① 艾伦·纽威尔（Allen Newell，1927 年 3 月 19 日—1992 年 7 月 19 日），美国计算机科学和认知信息学领域科学家，信息处理语言（IPL）发明者之一，1975 年他和赫伯特·西蒙一起因人工智能方面的杰出贡献而被授予图灵奖。
② 赫伯特·西蒙（Herbert Simon，1916 年 6 月 15 日—2001 年 2 月 9 日），美国心理学家，卡内基梅隆大学知名教授，研究领域涉及认知心理学、计算机科学、经济学等多个方向。他是现今很多重要学术领域的创始人之一，如人工智能、信息处理、决策制定、组织行为学、复杂系统等。
③ 马文·明斯基（Marvin Minsky，1927 年 8 月 9 日—2016 年 1 月 24 日），美国科学家，人工智能框架理论的创立者，1969 年图灵奖获得者，创建了麻省理工学院（MIT）人工智能实验室。
④ 约翰·麦卡锡（John McCarthy，1927 年 9 月 4 日—2011 年 10 月 24 日），美国计算机科学家与认知科学家，1951 年在普林斯顿大学获得数学理学博士学位，1971 年因对人工智能领域的贡献获图灵奖。

知识解决问题。人工神经网络具有高度的并行分布性、很强的鲁棒性[①]和容错性，广泛应用于图像、声音等信息的识别和处理中。由于它近年来的迅速发展，大量的人工神经网络的机理、模型、算法不断涌现。

3. 行为主义学派

行为主义学派认为，智能行为只能在现实世界中，在系统与周围环境的交互过程中表现出来。1991年罗德尼·布鲁克斯[②]提出了无须知识表示的智能和无须推理的智能：智能系统与环境进行交互，从运行的环境中获取信息（感知），并通过自己的动作对环境施加影响，智能取决于感知和行为。他提出了智能行为的"感知—行为"模型，认为智能系统可以不需要知识、不需要表示、不需要推理，像人类智能一样逐步进化；强调直觉和反馈的重要性，智能行为体现在系统与环境的交互之中，功能、结构和智能行为是不可分割的。行为主义学派的兴起，表明了控制论、系统工程的思想将进一步影响人工智能的发展。

下面给出一个行为学习的简单案例，如图1-1-9所示。学习前，当小狗只见到铃铛时，没有做任何反应，而当看到骨头时会做出流口水的反应。学习中，如果我们总是只摇铃不给小狗食物，那么渐渐地小狗就不再流口水。如果在给小狗食物的同时也摇铃，在小狗做了一些正确的动作后，用这个原则给予小狗食物，反复强化这个动作。经过一段时间，小狗每次在这样的学习中都会流口水。学习后，即使我们将骨头拿开，只有铃铛出现在小狗眼前时，小狗也会流口水。这就说明了：强化是学习成功的关键。

---

① 鲁棒是Robust的音译，也就是健壮和强壮的意思，在计算机领域指在异常和危险情况下系统生存的能力。比如说，计算机软件在输入错误、磁盘故障、网络过载或有意攻击情况下，能否不死机、不崩溃，说的就是该软件的鲁棒性。

② 罗德尼·布鲁克斯，美国机器人制造专家，在20世纪90年代设计了第一个火星机器人，他在1986年发表的论文中提到的包容式结构表明了基于行为的编程方法的正式起源。

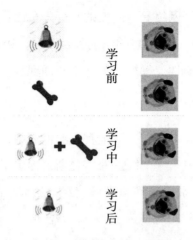

图 1-1-9 一个行为学习的简单案例

　　三种不同的学派分别从不同的侧面来研究人类的自然智能，与人脑的思维模型有着对应的关系。符号主义侧重于研究抽象思维，连接主义侧重于研究形象思维，行为主义侧重于研究感知思维。研究人工智能的三大学派各有所长，要取长补短、综合集成。例如，模糊神经网络系统就是将模糊逻辑、神经网络等结合在一起，在理论、方法和应用上发挥各自的优势，设计出具有一定学习能力、可以动态获取知识能力的系统。

（六）人工智能、机器学习和深度学习的关系

　　近年来，人工智能技术的突飞猛进主要归功于深度学习技术的兴起和发展。实际上，机器学习是人工智能的一个核心研究领域，深度学习是实现机器学习的一种技术，三者的关系如图 1-1-10 所示。

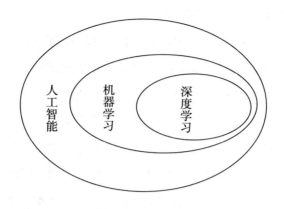

图 1-1-10　人工智能、机器学习和深度学习的关系

机器学习利用算法解析数据，从数据中学习，并利用学习的结果对真实世界中的事件做出预测或决策。机器学习来源于早期的人工智能领域，与传统的用于解决特定任务、硬编码的程序不同，机器学习用大量的数据来训练，通过各种算法从数据中学习如何完成任务。常用的机器学习算法有 10 种，分别是：决策树、随机森林、逻辑回归、支持向量机、朴素贝叶斯方法、K 最近邻算法、K 均值算法、AdaBoost 算法、人工神经网络和贝叶斯网络等。

传统的机器学习算法在指纹识别、人脸检测、物体检测等领域的应用基本达到了商业化或者特定场景的商业化水平，但仍未得到广泛应用，直到 2006 年深度学习算法的出现，才使其应用得到了空前的繁荣。

深度学习并不是一种独立的机器学习方法，它是机器学习中的人工神经网络方法的进一步发展。它受我们大脑的生理结构启发，但与大脑中一个神经元可以交叉连接众多神经元不同，人工神经网络包括离散层、连接和数据传播方向三个要素。区别于传统人工神经网络的浅层学习，深度学习是更深层次的人工神经网络，不仅强调了神经网络模型结构的深度，而且明确了特征学习的重要性。正是由于层数非常多，所以深度神经网络具有更好的数据抽象能力，能够将低层特征表示转化为高层特征表示，也就是说利用简单模型即可完成复杂的分类等学习任务。目前，深度学习极大地推进了人工智能在计算机视觉、语音识别、自然语言处理等领域的应用。但是，深度神经网络需要输入海量的数据来训练，对小样本问题并不适用。

2022 年 11 月 30 日，美国 OpenAI 公司在社交网络上向世界宣布了其最新的大型语言预训练模型 ChatGPT。ChatGPT 的推出是继深度学习后的又一个里程碑式的技术革命，将为以自然语言处理为核心的认知智能技术发展提供新的"历史机遇"。

ChatGPT 是一种基于人工智能技术，能与用户进行自然语言交互的聊天机器人，是机器学习自然语言处理模型的扩展，被称为大语言模型（Large Language Model，LLM）。它能够读取学习大量文本数据，并推断文本中单词之间的关系。不仅如此，作为一种人工智能生成内容（artificial intelligence generated content，AIGC）的代表，ChatGPT 与其他生成性人工智能一起，有望彻底改变传统的内容生产和信息获取模式。它可以像人类一样高效地完成智力任务，通过人机高效协同，颠覆所有智力行业的内容生产模式，实现高效、高质、海量、实时、多样性、个性化的内容生成，对于包括学校教育在内的各种传统行业的改造产生重要而深远的影响。

二、人工智能的未来机遇

经过 60 多年的发展，人工智能在算法、算力（计算能力）和算料（数据）这"三算"方面取得了重要突破，正处于从"不能用"到"可以用"的技术拐点，但是距离"很好用"还有诸多瓶颈需要突破。那么，在未来，人工智能的发展将会出现怎样的趋势呢？

● **从专用人工智能向通用人工智能发展。**实现从专用人工智能向通用人工智能的跨越式发展，既是下一代人工智能发展的必然趋势，也是人工智能的研究与应用领域的重大挑战。2016年10月，美国国家科学技术委员会发布《国家人工智能研究与发展战略计划》，提出在美国人工智能的长期发展策略中，要着重研究通用人工智能。阿尔法围棋系统开发团队创始人戴密斯·哈萨比斯提出朝着"创造解决世界上一切问题的通用人工智能"这一目标前进。（于成丽 等，2019）

● **从人工智能向人机混合智能发展。**人机混合智能旨在将人的作用或认知模型引入人工智能系统中，提升人工智能系统的性能，使人工智能成为人类智能的自然延伸和拓展，通过人机协同更加高效地解决单纯依靠人类或机器很难解决的复杂问题。

● **从"人工＋智能"向自主智能系统发展。**当前人工智能领域的大量研究集中在深度学习方面，但是深度学习存在局限，需要大量人工干预，比如人工设计深度神经网络模型、人工设定应用场景、用户需要人工适配智能系统等，非常费时费力。因此，如何研发出能够减少人工干预的自主智能系统，提高机器智能对环境的自主学习能力，是人工智能未来发展的一个重要方向。

● **人工智能将加速与其他学科领域交叉渗透。**随着超分辨率光学成像、光遗传学调控、脑组织透明成像、体细胞克隆等技术的突破，对脑与认知科学的研究进入了新时代。一方面，人工智能将进入生物启发的智能阶段，依赖生物学、脑科学、生命科学和心理学等学科的发展，将机理变为可计算的模型；另一方面，人工智能也将会促进脑科学、认知科学、生命科学甚至化学、物理、天文学等传统科学的发展。

三、人工智能的快速发展引起广泛关注

进入21世纪以来，随着大数据、云计算、互联网、物联网等信息技术的发展，以深度神经网络为代表的人工智能技术飞速发展，人工智能在全球范围内的快速发展引起了人们的高度关注，人工智能技术如今已经渗透到人们的日常生活中，从不同层次和多角度改变着人们的生活方式。

美国自 2013 年开始，发布了多项人工智能计划。2016 年 10 月，美国国家科学技术委员会连续发布了两个重要战略文件《为人工智能的未来做好准备》（*Preparing for the Future of Artificial Intelligence*）和《国家人工智能研究与发展战略规划》（*National Artificial Intelligence Research and Development Strategic Plan*），将人工智能上升到了国家战略层面，为美国人工智能的发展制订了宏伟计划和发展蓝图。《为人工智能的未来做好准备》从七个方面提出了 23 条具体建议，《国家人工智能研究与发展战略规划》提出了七大战略规划，其目的都在于促进人工智能领域实现新的突破。（闫志明 等，2017）

自人工智能诞生至今，各国纷纷加大了对人工智能的科研投入，其中美国政府主要以公共投资的方式促进人工智能产业的发展。2013 年，美国政府将 22 亿美元的国家预算投入先进制造业，投入的重点方向之一便是"国家机器人计划"。

在技术方向上，现阶段，技术突破的重点主要在以下两个方面：一是云机器人技术，二是人脑仿生计算技术。美国、日本、巴西等国家均将云机器人作为机器人技术的未来研究方向之一。目前，国外的相关研究方向包括：建立开放系统机器人架构（包括通用的硬件与软件平台）、网络互联机器人系统平台、机器人网络平台的算法和图像处理系统开发、云机器人相关网络基础设施的研究等。

由于深度学习研究的成功和人脑仿生计算技术的发展，计算机可以模仿人类大脑的运算并能够实现学习和记忆，同时可以触类旁通地实现对知识的创造。在 2013 年初的国情咨文中，时任美国总统奥巴马特别提到为人脑绘图的计划，宣布投入 30 亿美元在 10 年内绘制出"人类大脑图谱"，以了解人脑的运行机理。欧盟委员会也在 2013 年初宣布，石墨烯和人脑工程两大科技入选"未来新兴旗舰技术项目"，并为此设立专项研发计划，每项计划将在未来 10 年内分别获得 10 亿欧元的经费。

2017 年 7 月，我国国务院印发了《新一代人工智能发展规划》，提出了人工智能分三步走的战略目标（如图 1-3-1 所示），并规划了人工智能发展的重点任务（如图 1-3-2 所示）。

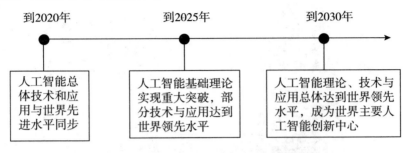

图 1-3-1　人工智能发展规划三步走的战略目标

第一步，到 2020 年人工智能总体技术和应用与世界先进水平同步，人工智能产业成为新的重要经济增长点，人工智能技术应用成为改善民生的新途径，有力支撑进入创新型国家行列和实现全面建成小康社会的奋斗目标。初步建成人工智能技术标准、服务体系和产业生态链，培育若干全球领先的人工智能骨干企业，人工智能核心产业规模超过 1500 亿元，带动相关产业规模超过 1 万亿元。

第二步，到 2025 年人工智能基础理论实现重大突破，部分技术与应用达到世界领先水平，人工智能成为带动我国产业升级和经济转型的主要动力，智能社会建设取得积极进展。新一代人工智能在智能制造、智能医疗、智慧城市、智能农业、国防建设等领域得到广泛应用，人工智能核心产业规模超过 4000 亿元，带动相关产业规模超过 5 万亿元。

第三步，到 2030 年人工智能理论、技术与应用总体达到世界领先水平，成为世界主要人工智能创新中心，智能经济、智能社会取得明显成效，为跻身创新型国家前列和经济强国奠定重要基础。人工智能在生产生活、社会治理、国防建设各方面应用的广度、深度极大拓展，形成涵盖核心技术、关键系统、支撑平台和智能应用的完备产业链和高端产业群，人工智能核心产业规模超过

1万亿元，带动相关产业规模超过 10 万亿元。

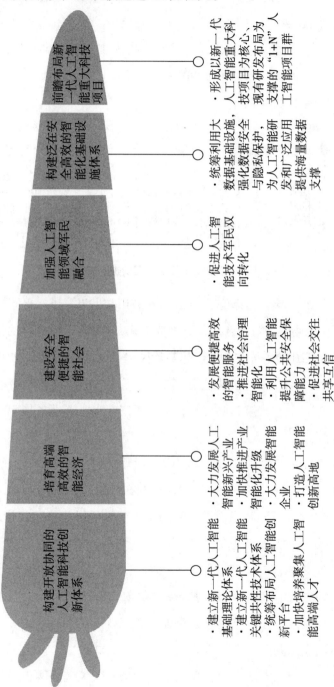

图1-3-2 人工智能发展的重点任务

构建开放协同的人工智能科技创新体系
·建立新一代人工智能基础理论体系
·建立新一代人工智能关键共性技术体系
·统筹布局人工智能创新平台
·加快培养聚集人工智能高端人才

培育高端高效的智能经济
·大力发展人工智能新兴产业
·加快推进产业智能化升级
·大力发展智能企业
·打造人工智能创新高地

建设安全便捷的智能社会
·发展便捷高效的智能服务
·推进社会治理智能化
·利用人工智能提升公共安全保障能力
·促进社会交往共享互信

加强人工智能领域军民融合
·促进人工智能技术军民双向转化

构建泛在安全高效的智能化基础设施体系
·统筹利用大数据基础设施
·强化数据安全与隐私保护，为人工智能研发和广泛应用提供海量数据支撑

前瞻布局新一代人工智能重大科技项目
·形成以新一代人工智能重大科技项目为核心、现有研发布局为支撑的"1+N"人工智能项目群

为进一步提升高等学校人工智能领域科技创新、人才培养和服务国家需求的能力，2018年4月，教育部印发了《高等学校人工智能创新行动计划》，提出了三个重点任务（如图1-3-3所示）。另外，教育部还采取了一系列的政策措施，如加强组织实施、优化资源配置、加大引导培育、加强宣传推广等，以保障人工智能创新行动的开展。

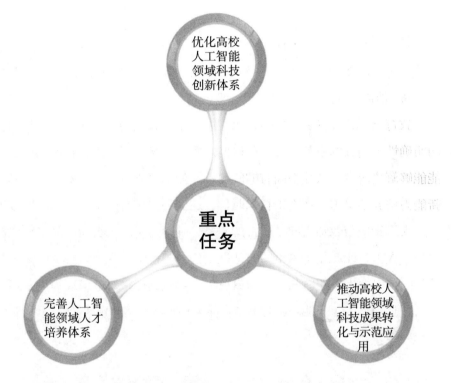

图1-3-3　高等学校人工智能创新行动计划的重点任务

2019年2月，中共中央、国务院印发《中国教育现代化2035》，提出加快推进信息化时代的教育变革，建设智能化校园，统筹建设一体化智能化教学、管理与服务平台，利用现代技术加快推动人才培养模式改革。

在这些政策的引导下，一些地区和学校已经开始了对人工智能与教育教学融合的探索。人工智能在全球范围内的快速发展已经引起了世界各国的广泛关注，它必将对生产力和产业结构以及国际格局产生革命性的影响，推动人类进入普惠型智能社会。

四、人工智能教育的定义及现状

随着大数据、人工智能的不断发展，传统领域的大数据化、智能化将是一个必然的发展趋势，而在众多的传统领域中，教育行业的特征与人工智能的契合度非常高，所以目前人工智能与教育行业的结合正在成为人工智能应用的一个热点。

教育领域存在诸多可以与人工智能应用契合的特点，这些特点包括：知识的明确性、内容的重复性等，而这些内容恰好是人工智能擅长的领域。人工智能能够解决教育领域几个固有的问题，比如因材施教、教育资源分配不均、创新能力培养不足等，在人工智能时代，这些问题将有一个全新的解决方案。

人工智能与教师之间是配合的关系，并不是用人工智能产品来取代传统的教师。人工智能产品可以帮助教师批改作业、批改试卷、讲解基础知识等，而教师则可以把更多的时间和精力放在培养学生创造力、价值观等更有意义的事情上。可以说，人工智能与教育的结合能为从根本上实现素质教育提供新的思路。

（一）人工智能教育的定义

随着人工智能技术的更新和教育的发展，人工智能教育的教学目标、教学内容、教学方式也在不断变化。近年来，不同的学者从不同视角、不同层次探讨了人工智能教育的内涵，并加以界定。

● 人工智能教育是指学习、利用人工智能，改善师生活动方式，优化教育效果的理论与实践。（彭绍东，2002）

● 人工智能教育就是通过将人工智能应用于教育领域，以提升教育的质量，

最后可以实现大规模的独特化教育内容及精确性的服务，帮助教师完成一系列机械的工作，提升教学效率。（吴永和 等，2017）

● 人工智能教育是学校以人工智能为教育资源、内容或课程，以提升学生的人工智能素养为目标对学生开展的教育。（王长华，2020）

● 人工智能教育，就是学生进行人工智能相关内容的学习，比如机器人、编程、机器学习等，或者利用人工智能相关的逻辑思维解决问题，即学习与人工智能相关的知识技能。（张佳维，2021）

● 人工智能教育包括利用人工智能赋能的教育和以人工智能为学习内容的教育。前者又称为智能化教育。智能化教育是指基于智能感知、教学算法与数据决策等技术，利用智能工具对学习者、教师、教学内容、教学媒体及教育环境进行自动分析，实施精准干预，支持个性化学习与规模化教学，形成教育的智能生态，培养学习者智能素养和实现教育高绩效的理论与实践。后者属于智能科技教育，包括人工智能知识教育、人工智能应用能力教育、人工智能情感教育。（彭绍东，2021）

学者们从不同的视角和层次出发探索并界定了人工智能教育的内涵。通过归纳总结学者们的观点，按照观点内容的指向性，本书将人工智能教育的含义分为三大类：

第一类，人工智能教育即人工智能赋能教育，主要指向人工智能的应用层面，又称为人工智能教育应用。人工智能赋能教育是人工智能技术在教育领域的应用和实践，将人工智能与传统教育相结合，借助人工智能技术、大数据技术，通过线上和线下结合的学习方式，促进教育场景的自动化和智能化。它是利用智能化学习和互动式学习构建的一种新型教育体系，其内容包括智慧校园、智适应学习平台、智能家教系统等，旨在创建智能学习环境，开展高层次智能教学，从而大幅提高教育工作者和学习者的效率，构建精准化、个性化、灵活化的教育教学生态，以推动智能时代教育的发展。

第二类，人工智能教育即人工智能课程教学，主要指向人工智能的课堂学习层面，又可称为人工智能学科教育。人工智能课程教学是指以人工智能为学习内容的教育，是提升个体人工智能素养的泛学科性教育，包括人工智能知识教育、应用能力教育和情意教育等。其重点在于根据学科特点和不同阶段学生的特点设计相应的教学内容，以此进行教学活动，通常以科普教育、课程教学等形式开展。人工智能课程教学应该以适应未来智能社会的关键能力培养为目标，培养学生对人工智能的兴趣，传授人工智能知识，增强学生对人工智能的理解，培养学生的批判性思维，为人工智能发展培养高层次的专门人才。

第三类，人工智能教育既包含人工智能赋能教育，又包括人工智能课程教学，是应用层面与学习层面的融合。即借助智能感知等技术，利用课堂教学、科普教育等形式对学习者进行人工智能知识教育、应用能力教育、情意教育等，从而大幅提高教育工作者和学习者的效率，创新教育教学生态。

（二）国内外的人工智能教育

1. 国外人工智能教育情况

在各国对人工智能教育日益重视的背景下，联合国教科文组织于 2019 年 3 月组织了以"人工智能和可持续发展"为主题的"移动学习周"，同年 8 月发布了《北京共识——人工智能与教育》，建议将人工智能相关技能学习纳入中小学课程。（卢宇 等，2021）世界各国的教育部门及学校共同大力推进人工智能教育，在中小学人工智能课程建设方面也做了很多努力，下面分别以美国、英国、日本和波兰四国的人工智能教育为例进行介绍。

● 美国的人工智能教育

美国最早的人工智能教育是从编程教育开始的，在儿童成长早期培养他们的编程技能，希望他们掌握新的认知技能之后，未来能够在技术应用方面积极发挥创造性的作用。美国中小学人工智能教育强调教育基础的稳固性，以编程教育作为实施基础，通过多种类型的活动与课程落实，同时注重培养师资队伍作为人工智能教育实施的保障，并提供持续的资金支持推动人工智能教育的发展。2013 年，美国制定了《联邦政府 STEM 教育五年战略规划》。2015 年，《让每个学生都成功法案》将计算机科学确定为 21 世纪"全面教育"中的一门基础学科。2018 年 5 月，美国人工智能促进协会（Association for the Advancement of Artificial Intelligence， AAAI）和美国计算机科学教师联合会（Computer Science Teachers Association， CSTA）联合发起人工智能 K—12 项目计划，制定了 K—12 阶段人工智能教学国家指导方针，并发布了人工智能五大理念，据此提出 K—12 阶段的分学段教学建议。2019 年，美国提出要培养具备人工智能技术开发和应用能力的人，并签署了《维护美国人工智能领导力的行政命令》，目的是使美国保持在人工智能领域的领导地位，增强国家经济的竞争力，使公民为未来就业做好准备。这一系列的政策保障了美国人工智能教育的开展。

美国各州对于人工智能教育的教学安排一般是从高中学段开始的，其人工智能课程大多以选修课或者必修课的形式进入 10~12 年级的信息技术学科课程中，要求学生在学习过程中了解人工智能的意义、应用场景以及未来的发展趋势。在威斯康星州，人工智能是作为"媒体与技术"课程为 12 年级学生开设的。在弗吉尼亚州的切斯特菲尔德中学，人工智能是作为信息系统技术的选修课专为 11~12 年级的成绩优秀学生开设的。

2019 年，麻省理工学院推出了面向 K-12 阶段人工智能教育的资源网站，汇聚了不同研究项目、学习单元与教学工具，并针对不同学段开设了不同的研究主题。例如，针对幼儿园至 2 年级的学生，主要使用陪伴机器人等开展简单的体验活动；针对 9~12 年级的学生，则着重让学生经历一个完整的从设计到开发的人工智能应用流程。

● 英国的人工智能教育

自 20 世纪 80 年代开始，英国的人工智能课程就以选修课的形式出现在信息与通信技术（Information and Communication Technology，ICT）的课程体系中，该课程重视相关思维能力和人文价值的培养，并通过积极与本国高校协作的方式来开展教学，包括聘请高校专家参与课程建设、搭建教学平台以及参与讨论与答疑等。

2017 年，英国政府颁布《在英国发展人工智能产业》报告，在人才培养、课程设置、教育制度上提出了新举措。2018 年，英国上议院发布题为《人工智能在英国：准备、意愿和能力》的专题报告，强调在基础教育阶段需要让学生对人工智能有必要的知识储备和基本理解，以应对社会的发展，课程的核心是技术的使用和技术伦理。

如今，英国正借助教育竞赛的活动形式延展中小学生接受人工智能教育的途径，并且在大多数中学开设了人工智能课程，成为人工智能启蒙教育的代表性国家之一。英国采用中小学与高校协作的方式开展教学，中小学的人工智能教育师资既包括校内教师，也包括外聘高校实习教师。在课程资源方面，高校为中小学搭建人工智能教学网站，并以远程培训的方式参与师生的讨论和答疑。

● 日本和波兰的人工智能教育

日本在 2016 年的《日本再兴战略 2016——面向第四次工业革命》中提出将与人工智能相关的课程纳入中小学必修课范围，2019 年起实施教育改革，将大规模培养人工智能人才作为重要战略。

波兰数字化部创建了《波兰人工智能战略设想》项目，其中一项内容是 2019—2020 学年在 100 余所学校开设人工智能课程，课程分为三个学段——幼儿园至 3 年级、4~6 年级、7~8 年级。三个学段的教学目标各有侧重：幼儿园至 3 年级，让儿童进入编程世界；4~6 年级，了解人工智能原理和能够基于图形化编程软件、IBM Watson 创建人工智能解决方案；7~8 年级，学习机器学习算法，并在 Python 中用编程实现。

2. 我国人工智能教育情况

（1）国家课程及政策

2017 年，国务院印发了《新一代人工智能发展规划》，有关中小学阶段设置人工智能相关课程的要求第一次出现在政府文件中，但将人工智能列入高中信息技术学科选修模块教学内容，早在 2003 年就已正式写入教育部颁布的《普通高中课程方案（实验）》。由于当时技术发展水平和普及程度不高、师资条件明显欠缺、课程内容设置不够合理，高中信息技术人工智能选修模块在全国范围内开设状况欠佳。在《普通高中信息技术课程标准（2017 年版 2020 年修订）》中，专门在选择性必修模块内设置了人工智能的相关内容，主要分为"人工智能基础""简单人工智能应用模块开发"和"人工智能技术的发展与应用"三个主题，要求学生了解人工智能的发展历程及概念，能够描述典型人工智能算法的实现过程，能够搭建简单的人工智能应用模块，同时增强利用智能技术服务人类发展的责任感。在课程标准的必修模块中也多处涉及人工智能的相关内容，如在"数据与计算"中通过人工智能典型案例的剖析，让学生认识到人工智能在信息社会中起着越来越重要的促进作用。

2022 年 4 月 21 日，教育部印发了《义务教育信息科技课程标准（2022 年版）》，分别在 7~9 年级的信息意识学段目标、计算思维学段目标和信息社会责任学段目标中提出以下内容："了解人工智能对信息社会发展的作用，具有自主动手解决问题、掌握核心技术的意识"，"通过案例分析，理解人工智能。根据学习与生活需要，合理选用人工智能，比较使用人工智能和不使用人工智能处理同类问题效果的异同"和"通过体验人工智能应用场景，了解人工智能带来的伦理与安全挑战，合理地与人工智能开展互动，增强自我判断意识和责任感。遵循信息科技领域的伦理道德规范，明确科技活动中应遵循的价值观念、道德责任和行为准则"。

在课程内容的设置上，《义务教育信息科技课程标准（2022 年版）》提出，围绕"人工智能：应用系统体验—机器计算与人工计算的异同—伦理与安全挑战"这条逻辑主线，设计义务教育全学段内容模块，组织课程内容，体现循序渐进和螺旋式发展。

2017 年 7 月，国务院印发的《新一代人工智能发展规划》，提出实施全民智能教育项目，在中小学阶段设置人工智能相关课程，逐步推广编程教育。

2018 年 4 月，教育部印发《高等学校人工智能创新行动计划》，进一步明确要构建人工智能多层次教育体系，在中小学阶段引入人工智能普及教育。2018 年成为中小学人工智能教育关注度爆发式增长的重要一年。2020 年，教育部公布人工智能专业成为热门专业，并且要在中小学全面开展人工智能普及教育。

以中小学人工智能教材为例，据不完全统计，2018 年全国范围内推出了十几种中小学人工智能相关的课程或教材。这些课程和教材的开发思路各有不同，也各具特色。就使用对象而言，有的面向全学段，覆盖幼儿园、小学、中学、职业教育，有的专门针对初中或高中某一阶段；就开发思路而言，有的注重与科学、信息技术等国家课程的衔接，有的主要围绕技术路线、突出实践活动；就内容而言，有的以大数据为核心内容，有的侧重编程，有的重点突出某一项或某几项人工智能的技术体验。此外，还有部分教材专门针对校外教育机构或定位于家庭教育。这些有益的前期探索提供了宝贵的经验，有效推动了中小学人工智能教育的发展。但是，这类人工智能教育教学活动以何种具体形态在学校中有效落实，各地的做法差异较大。（王振强，2019）

（2）我国各地教育部门积极探索中小学智能教育

北京市海淀区根据《中国互联网学习白皮书之中国人工智能教育发展报告（基础教育）》初步拟定的人工智能能力培养目标框架，初步构建起了中小学人工智能教育课程内容，如表 1-4-1 所示。

表 1-4-1　北京市海淀区中小学人工智能教育课程内容

学段	课程内容
小学	描述人工智能的特征（语音识别、图像识别、语义理解）； 描述人工智能和非人工智能的差异（体会人工智能功能的特殊性）； 了解人工智能的应用场景（基于应用的人工智能解决问题场景）； 图形化编程下的计算思维编程； 基于程序的人工智能功能调用（图形化编程软件调用人工智能应用程序编程接口和软件开发工具包）； 人工智能的功能实现（在计算机上实现语音识别和图像识别的功能）。

学段	课程内容
初中	依据人工智能特征分辨人工智能和非人工智能（体会和分辨语音识别、图像识别、语义理解的人工智能功能）； 编程下的计算思维（App Inventor、Python 编程）； 基于程序的人工智能功能调用（程序设计语言调用人工智能应用程序编程接口和软件开发工具包）； 人工智能的功能实现（在计算机上实现语音识别和图像识别的功能）。
高中	深入体会人工智能特征（深入体会语音识别、图像识别、语义理解的人工智能功能）； 编程下的计算思维（Python 编程）； 基于程序的人工智能功能调用（程序设计语言调用人工智能应用程序编程接口和软件开发工具包）； 人工智能核心算法的学习（基于高中信息技术选择性必修模块 4 的内容）； 人工智能的功能实现（在计算机上实现语音识别和图像识别的功能）。

2019 年，上海市徐汇区将人工智能教育融入信息技术课程，使用自主开发的徐汇区人工智能学生读本和教师读本，第一轮先在 8 所高中、12 所初中、20 所小学开展了实验。2020 年，人工智能课程大面积进入全区中小学。

南京市注重人工智能教师的培养。2018 年开展了尝试性的第一期人工智能教师培训，包括专家讲座和一线教师对人工智能的理解、应用和展望分享，以及 Python 语言的培训。在 2019 年的人工智能培训中，形成了 10 个菜单式系列课程，包括人工智能视觉编程、人工智能学科融合、数字美术、数字音乐、3D 创意打印、物联网创新设计、AR/VR 设计制作、虚拟世界程序设计等内容。全市教师自主报名，参培人数达到 500 余人。此外，南京市还搭建了人工智能竞赛平台，在 2018 年的中小学电脑制作竞赛中就设置了人工智能板块内容。

（3）一些学校积极系统布局人工智能教学

中国人民大学附属中学（简称人大附中），一方面开设了种类丰富的人工智能课程，如机器人、建模与仿真、人工智能的机器学习、数据挖掘、计算机视觉、大健康与人工智能、计算社会科学等课程，多数以选修课的形式提供给学生；另一方面，为了培养高级人工智能人才，人大附中还以自愿报名和选拔相结合的方式，成立了全国首个基础教育人工智能实验班，开设了专门的人工智能课程"人工智能与关于心智的生物学"，以及以"复杂系统科学"为主要内容的课程。学校还组织学生参与高校和科研机构组织的学术活动和实践活动。

北京师范大学附属中学从 2018 年开始，逐步进行初中阶段的人工智能课程的建设，课程内容除涵盖一些关键人工智能技术外，还涉及物联网、大数据、云计算等，并辅以模块化编程等实践教学环节。（张建彬，2019）

上海市市西中学 2018 年建成基于信息技术课程的中学人工智能实验室，以选修课的形式面向高一、高二开设课程，并配套由汤晓鸥等人编写的《人工智能基础（高中版）》教材实施。在实验室里，学生可以体验无人车、无人机、手势控制机器人、面部识别、卫星云图识别、空气屏等人工智能技术，并学习 Python 语言。学校进行了系统的人工智能教育五年规划，分三个阶段实施：第一阶段通过讲座、竞赛等科普活动，普及人工智能知识；第二阶段建设实验室并开发拓展型、研究型课程，学习人工智能原理、模块功能、语言与算法等内容；第三阶段将人工智能延展到学校教育教学管理当中。

综观中外人工智能教育的发展，可以发现英美等发达国家的人工智能教育起步最早，开始于 20 世纪 80 年代，至今已发展得相对成熟和完善，其人工智能课程体系已经相对结构化和系统化。而我国、日本和波兰的人工智能教育起步于 21 世纪初，目前仍处于探索阶段。经研究发现，很多国家都曾出台过发展人工智能教育的相关政策文件，且不断加大对人工智能教育的资金投入，表明了各国国家层面对人工智能教育这一领域的重视。这在一定程度上使得部分学校能够积极响应国家号召，设置人工智能相关课程，不断促进人工智能教育的发展；也促使中小学能够与高校、研究院和社会教育机构合作，开展人工智能教学、研发人工智能教学平台等活动，实现共赢。

五、人工智能在教育教学中的价值

（一）推动教育资源的开发

随着互联网技术的不断发展，通过先进的视频传输和存储技术，教师可以将教学方法以及整个授课过程分享到网络教育平台上，如中国大学 MOOC（慕课）、人工智能教育网等，成为重要的网络参考资源（如图 1-5-1 所示）。前沿的人工智能信息处理技术，能够对教学内容进行智能分析和评价，实现教育资源的自动分类、智能检索和智能推荐。网络教育平台和人工智能技术不仅为教师提供了一个安全可靠、内容丰富、自我展示和互相学习的空间，有利于教师的能力提升，更是能够方便地整合优质的教学资源，推动更加丰富的教育资源的开发和建设。

图 1-5-1　中国大学 MOOC（慕课）和人工智能教育网

图 1-5-1 中国大学 MOOC（慕课）和人工智能教育网（续）

（二）促进教育资源的公平化

传统教育模式下，偏远地区教育资源匮乏，城乡和区域之间教育质量差距较大，优质资源总量不足。教育资源落后地区的学生在知识储备、实验操作、阅读视野上有很大不足。网络教育平台和人工智能技术增加了优质教育资源的供给，线上教育资源使得教育突破了地域、授课形式、年龄、教育背景等问题的限制，让学生能够公平享受世界各地优质教育服务，促进了教育资源的公平化。

（三）提高信息检索效率与关注匹配度

在互联网时代的今天，网络检索是人们获取知识的主要途径。由于互联网信息量巨大，传统的网络检索方法通常会因检索关键词不准确等原因，导致无法检索出需要的信息，或者匹配度不高，甚至可能检索出有误的信息。人工智能技术可以对海量信息资源进行自动检索、分类、评价，整合优质资源，以知识图谱等形式（如图 1-5-2 所示），为教育提供巨型知识数据库。针对教师和学生的特定提问，人工智能技术可以主动关联相关的知识数据，实现检索过程的智能化，提高信息检索的效率与关注匹配度。

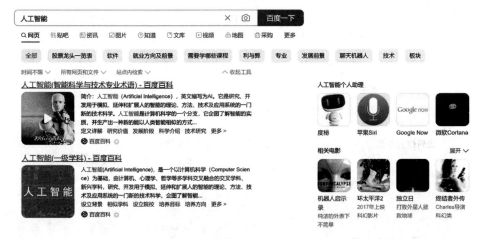

图 1-5-2　人工智能对海量信息资源进行自动检索、分类、评价

（四）实现因材施教，提升学习效率

在传统的班级授课教学方式中，统一的教学方案和教学过程很难具体把握学生个体学习能力的差异，无法根据学生个体差异为学生提供满足个性发展需求的培养模式，教学过程中对学生个性的忽略导致学生创造力逐渐消失。

人工智能技术有助于实现因材施教，针对学生的知识、能力水平等不同因素，"量身定制"学习方法和学习过程（如图 1-5-3 所示）。结合智能图像分析技术，可以全方位多角度捕捉个人面部表情，解读分析表情数据并反馈给学习系统，及时掌握学生在学习过程中对不同知识点的理解程度，精准调整个体学习内容和方案，提升学生的学习兴趣和学习效率。

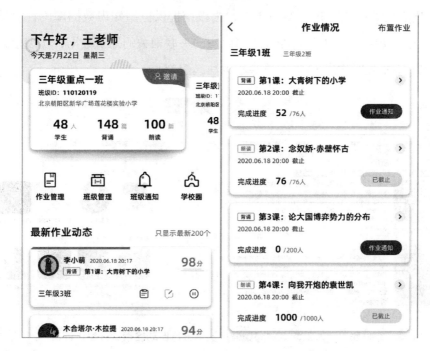

图1-5-3　利用人工智能软件对学生个体学习情况进行分析

（五）辅助教师教学，提高教学效率

　　教育工作中的重复性、机械性劳动占用了教师的大部分工作时间，使教师能够用来反思和创新教学的时间减少，从而导致教学工作效率低下。人工智能正在成为教师教学的得力助手（如图1-5-4和图1-5-5所示）。比如说，图像识别技术可以帮助教师减轻批改作业和试卷等重复性劳动的负担，为教师节约时间成本，让教师有更多的时间和精力投入教学，改革教学方法，创新教育内容；语音识别技术可以帮助教师检测学生的口语能力，纠正学生的错误发音；教学助手可以在线为学生答疑解惑，让学生不通过与教师交流，也能得到答案。

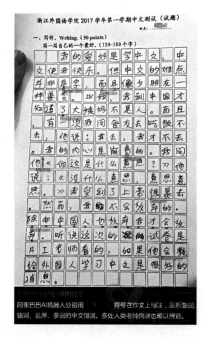

图 1-5-4　全球第一份人工智能批改的试卷　　图 1-5-5　在线词典的发音指导

六、人工智能在教育教学中的应用

  人工智能逐渐改变着教学方式，打破了教学原有的组织方式，为教学问题提供了更多的解决方案，进而促使教育模式发生变革。人工智能在教育领域的应用虽然没有改变教育的本质，但却使得教育更加多样化、丰富化，为教育教学提供了新的思路。下面列举了人工智能在教育教学中的一些典型应用。

（一）自动批改作业

目前有许多自动批改作业的软件，这些软件应用图像识别、语音识别等人工智能技术对作业进行批改。以英语学习为例，英语语法纠错产品的出现，使得学生学习英语的效率大幅度提升。与其他仅根据词语或短句的含义来对学习者的英语语法进行纠错的产品有所不同的是，这些产品能够通过上下文的语境进行分析，从而更为精准地判断出包括时态、单复数在内的多种语法的应用是否准确。对教师而言，教师可以借助这种软件批改作业，从而提升自己的教学效率及质量。

（二）课后解答疑难问题

近年来被称为"学生的救星，作业的克星"的各类搜题软件层出不穷，它们借助图像识别技术，让学生把在学习中遇到的难题以图片的形式上传至系统平台，后台系统会在几秒内给出答案及解题思路。除了图像识别技术，拍照搜题软件还运用深度学习、光学字符识别等技术来分析照片和文本，识别机打题目的准确率可以达到 90% 以上，基本能够满足学生在日常学习中的需求。

（三）语音识别与测评

语音识别技术在英语口语测评中具有重要的应用。语音测评产品能够帮助人们在练习英语口语时及时找到自身在发音方面的不足，并给予纠正，经过多次的反复训练后，学习者的英语水平能得到极大的提升。

（四）个性化学习

因材施教一直以来都被教育者们提倡，但教育者很难做到根据学生不同的认知水平、自身素质以及学习能力来为学生制定具体的、有针对性的学习方案。随着人工智能技术的发展和广泛应用，因材施教的可行性得到了很大的提高。人工智能技术可以根据学生的历史学习数据来预测学生未来的学习表现，并智能化推荐最适合学生的个性化内容，从而高效、显著地提升学生的学习效果。

总体来讲，人工智能技术在教育教学中的应用让教学过程和学习过程变得更便捷和高效。人类的思维，被恩格斯誉为"地球上最美的花朵"，有思维的计算机必将使机器最终走进人类的心灵，在我们这个星球上绽放出又一朵"最美的花朵"。

本章回顾与反思

小结

本章内容，可以用下页图一览全貌。

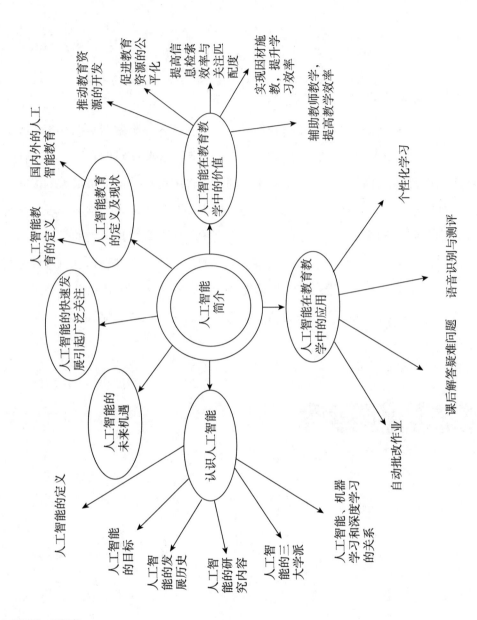

回顾与反思

通过这一章的学习，请尝试思考以下问题：

1.能否运用你自己的语言，为"人工智能"和"人工智能教育"下一个定义？

2.请试着举几个人工智能在日常生活中应用的例子。

3.你认为，未来人工智能将会让你的生活发生哪些重大改变？

第二章 中小学STEM教育与人工智能课程的现状和未来

STEM 教育与人工智能课程在世界各国的发展现状

国内外中小学人工智能课程现状

国内中小学人工智能课程的发展方向

当前，世界各国正广泛开展STEM教育，在对人工智能这一领域的研究上，也都投入了大量的人力、物力和财力。那么，国内外中小学STEM教育与人工智能课程的现状是怎样的呢？取得了哪些成果？我国中小学人工智能课程可以朝着哪些方向发展呢？通过阅读本章的内容，相信你对这些问题会有更清晰的认识。

本章学习目标：

●了解STEM教育与人工智能课程在世界各国的发展现状；

●关注国内外中小学人工智能课程的现状；

●了解国内中小学STEM教育与人工智能课程的进一步发展方向。

一、STEM 教育与人工智能课程在世界各国的发展现状

（一）STEM 教育和 STEM

早在 1986 年，美国国家科学委员会就发表了《本科的科学、数学和工程教育》报告，这被认为是美国 STEM 教育集成战略的里程碑，指导了国家科学基金会此后数十年对美国高等教育改革在政策和财力上的支持。该报告首次明确提出"科学、数学、工程和技术"教育的纲领性建议，被视为 STEM 教育的开端。

STEM 教育是科学（Science）、技术（Technology）、工程（Engineering）和数学（Mathematics）英文首字母的缩写，最早由美国国家科学基金会于 2001 年提出。也有另一种提法是 STEAM 教育。两者形式上的差别在于 Art（艺术），而在实际操作和教学层面，两者在本质上没有差别，因为艺术美感本身就蕴含于 STEM 中。在本书中，我们采用 STEM 教育这一表述方式。

（二）STEM 教育与人工智能课程在世界各国的发展

当前正在发生的"第四次工业革命"进一步改变了人类的生产生活，并在世界范围内引发了新一轮的国际人才竞争。如何通过教育来保持国家的竞争力，

成为各国的重要课题。在这样的大背景下，加强信息技术、人工智能、生物工程等领域新型人才的培养成为各国抓住机遇、迎接挑战的迫切需求，而这正是STEM 教育大热的原因。

对国家而言，STEM 教育的发展涉及基本的公民科学素养的培养。当前，各个国家的教育实践表明，STEM 教育有助于培养学生的科学探究能力、实践能力、创新意识、批判性思维、信息技术应用能力等未来社会所需要的能力。那么，世界各国的 STEM 教育发展情况是怎样的呢？随着 21 世纪智能时代的到来，以美国、日本为代表的发达国家，在国家战略层面制定了促进 STEM教育与人工智能人才培养的政策与措施，加大了对 STEM 教育与人工智能课程的投入，促进了 STEM 教育的发展。

1. 美国的 STEM 教育与人工智能课程发展历程

美国于 2013 年制定了《联邦政府 STEM 教育五年战略规划》，截至2016 年超过 40% 的美国学校都设置了编程课程。由卡内基梅隆大学支持的世界青少年人工智能竞赛（World Artificial Intelligence Competition for Youth， WAICY）也大力推动了人工智能教育在美国学校的发展。

美国国防部于 2020 年出台了《人工智能教育战略》（*AI Education Strategy*）（简称 "AI 教育战略"）。该项战略计划通过引领人工智能、驱动人工智能发展、开发人工智能工具、促进人工智能应用、提升雇员人工智能素养等举措，长远促进人工智能的开发与应用，从而培养出军事领域中世界级的人工智能实践者，并达到三项核心目标：保障国家安全、促进经济繁荣和确保美国人工智能技术在国际上的领先地位。

该战略界定国防领域的人才应具备的人工智能能力包括：深度理解基础人工智能概念，熟练应用人工智能工具，掌握数据管理与可视化，负责任地应用人工智能，具备编程与软件开发能力，了解数学、统计与数据科学，掌握人工智能综合能力等七项。针对各项能力做了课程规划，确定了基本的教育教学手段，包括在线异步教学、混合教学、同步教学以及项目式教学等。

如果说 STEM 教育是促进国家竞争力的重要依托，那么人工智能教育无疑是 STEM 教育领域中最为突出的部分之一。美国国防部出台的人工智能教育战略表明，作为 STEM 教育的重要内容，人工智能课程正在引领 STEM 教育向纵深发展。

2. 英国、日本和澳大利亚的 STEM 教育与人工智能课程发展历程

随着 STEM 教育与人工智能课程在美国的迅速发展，其他国家的 STEM 课程与人工智能教育也迅速展开，下面分别以英国、日本和澳大利亚为代表进行介绍。

英国是欧洲推动人工智能发展最积极的国家，也一直是人工智能的学术研究重地。2018 年 4 月，英国政府发布了《人工智能行业新政》报告，涉及推动政府和公司研发人工智能、STEM 教育投资、提升数字基础设施、增加人工智能人才和领导全球数字道德交流等方面的内容，旨在推动英国成为全球人工智能的领导者。

近年来，以日本总务省为代表的政府机构无偿提供"儿童编程教育夏令营"，同时，以日本电报电话公司为代表的公益性暑期编程入门活动等不断出现，给日本学生提供了大量接触人工智能的学习机会，以培养他们适应以人工智能、大数据为代表的"第四次工业革命"。

在澳大利亚，他们使用针对幼儿的可视化编程语言，培养儿童的创意设计能力、编程和叙事表达能力、逻辑思维能力。而小学生每人拥有一台 iPad、一台老款的智能手机，这几乎是一种标配。学校在 10 岁学生的课程中就强制纳入了 STEM 课程。

3. 我国的 STEM 与人工智能课程发展历程

人工智能融合了一系列前沿技术，为可持续发展和社会变革带来了新的可能，并且对教育产生了深刻的影响，在教育教学方式、教学空间、教育评价等方面产生了重大的影响，传统的师生由"二元关系"走向人机共存的"多元关系"。

人工智能教育与STEM教育的融合，将促进我国新一轮的基础教育改革，可以有效地提升教育教学质量。2015年，教育部发布的《关于"十三五"期间全面深入推进教育信息化工作的指导意见（征求意见稿）》中明确提出：要探索STEAM教育、创客教育等新教育模式。由此，STEM教育初步进入我国国策视野，和众多其他国家一样，STEM教育备受教育研究者关注。STEM教育，作为跨学科融合教育的典型代表，对我国创新人才培养和科技发展具有重要意义。我国STEM教育在教育政策、国家课程标准和教育实践方面都取得了较为显著的进展。

近年来，STEM教育在我国快速兴起，学校、科研院所、社会机构、企业公司等共同发力，推动了STEM教育理论、实践和政策的发展。北京、重庆等地采取各项措施，积极探索STEM教育推进方式，开展架构中小学STEM课程体系、创新评价方式等方面的尝试。国务院发布的一系列促进科技发展和科技人才培养等方面的重要文件，对STEM教育提出了专门要求。

（1）在教育政策方面，STEM教育被纳入了国家发展战略之中

首先，在国家科技战略政策中融入STEM教育理念。2006年颁布的《实施〈国家中长期科学和技术发展规划纲要（2006—2020年）〉若干配套政策》中指出："大力倡导启发式教学，注重培养学生动手能力，从小养成独立思考、追求新知、敢于创新、敢于实践的习惯。切实加强科技教育。"

2016年国务院发布的《全民科学素质行动计划纲要实施方案（2016—2020年）》指出："科学素质决定公民的思维方式和行为方式，是实现美好生活的前提，是实施创新驱动发展战略的基础，是国家综合国力的体现。"该文件还提出，在义务教育阶段要"基于学生发展核心素养框架，完善中小学科学课程体系，研究提出中小学科学学科素养，更新中小学科技教育内容，加强对探究性学习的指导"；在高中阶段要鼓励探索开展科学创新与技术实践的跨学科探究活动，同时规范学生综合素质评价机制，促进学生创新精神和实践能力的发展。

《义务教育课程方案（2022年版）》提出，要优化课程内容结构，以习

近平新时代中国特色社会主义思想为统领，基于核心素养发展要求，遴选重要观念、主题内容和基础知识，设计课程内容，增强内容与育人目标的联系，优化内容组织形式。设立跨学科主题学习活动，加强学科间相互关联，带动课程综合化实施，强化实践性要求。

其次，教育信息化政策明确了 STEM 教育发展任务。STEM 教育是发展教育信息化内涵的重要方式，明确 STEM 教育的发展任务是教育信息化新战略、新规划的重要内容。从目前的国家和地方政策来看，STEM 教育的概念均已出现在教育信息化相关的政策文件中。

● 中央政策

2015 年 9 月，教育部《关于"十三五"期间全面深入推进教育信息化工作的指导意见（征求意见稿）》中首次提出要"探索 STEAM 教育、创客教育等新教育模式"。

2016 年 6 月，教育部在《教育信息化"十三五"规划》中进一步要求："有条件的地区要积极探索信息技术在'众创空间'、跨学科学习（STEAM 教育）、创客教育等新的教育模式中的应用，着力提升学生的信息素养、创新意识和创新能力，养成数字化学习习惯，促进学生的全面发展，发挥信息化面向未来培养高素质人才的支撑引领作用。"

2017 年国务院印发的《新一代人工智能发展规划》中，明确指出人工智能已经成为国际竞争的新焦点，我国应逐步开展全民智能教育项目，在中小学阶段设置人工智能相关课程、逐步推广编程教育、建设人工智能学科。

2018 年 1 月，教育部举行新闻发布会，介绍《普通高中课程方案和语文等学科课程标准（2017 年版）》的有关情况，指出将三维设计、开源硬件、人工智能正式列入新课标，成为高中学段的必修课。

2018 年 2 月，教育部办公厅发布文件《2018 年教育信息化和网络安全工作要点》，指出：推进信息技术在教学中的深入普遍应用，开展利用现代信息技术构建模型教学组织模式的研究，探索信息技术在众创空间、跨学科学习（STEAM 教育）、创客教育等教育教学新模式中的应用，逐步形成创新课程体系。

2018年4月，教育部印发《教育信息化2.0行动计划》，其中明确指出：将学生信息素养纳入学生综合素质评价体系中。完善课程方案和课程标准，充实适应信息时代、智能时代发展需要的人工智能和编程课程内容。

● 地方政策

2017年9月，江苏省印发了《江苏省STEM教育项目学校建设指导意见（试行）》，并公布了243所STEM教育项目试点学校（其中幼儿园32所、小学122所、初中47所、高中42所）。

2018年2月，山西省教育厅印发《山西省基础教育信息化"十三五"推进意见》，提出以项目式学习方式积极推进创客教育、STEAM教育和机器人教育，开展创新教育模式实验研究，每个市至少建设3所创新教育基地学校。

2018年3月，重庆市教育信息技术与装备中心印发了《重庆市教育信息技术与装备中心2018年工作要点》，要求开展中小学STEAM教育研究，探索科技创新STEAM教育课程研究，积极推动中小学校STEAM教育试点。同年9月，印发了《关于加强中小学编程教育的通知》，从政策层面细化了少儿编程的课程安排，要求小学3~6年级编程课程累计上课不少于36课时，初中阶段编程课程累计上课不少于36课时，同时要配备专门的编程教师。

2019年7月，北京市教育委员会印发了《北京促进人工智能与教育融合发展行动计划》，将人工智能纳入北京中小学社会实践课程，明确了人工智能与教育融合发展在各学段教育的主要任务。

（2）在国家课程标准中，明确提出了STEM教育的相关内容

2001年，教育部出台了《基础教育课程改革纲要（试行）》，提出要加快我国基础教育改革步伐，在已有基础上建立新的基础教育教学体系。为了提高小学生的科学素质，教育部又颁布了《全日制义务教育科学（3~6年级）课程标准（实验稿）》，这个标准包含科学探究、情感态度与价值观以及科学知

识三个目标。

2003年，《普通高中技术课程标准（实验稿）》中设置了"人工智能初步"模块。我国中小学目前实行的《基础教育信息技术课程标准（2012版）》和《普通高中信息技术课程标准（2017年版2022年修订）》中也设置了人工智能相关模块。

2018年，教育部颁布普通高中各学科课程标准，STEAM、STEM及STEM+教育出现在多个学科课程标准中。《普通高中信息技术课程标准（2017年版2020年修订）》要求充分发挥信息技术课程特有的教学环境优势，以STEAM教育理念为指导，利用开源硬件开展项目式学习，让学生体验研究和创造的乐趣，培养学生利用信息技术解决问题和创新设计的意识和能力。《普通高中通用技术课程标准（2017年版2020年修订）》选择性必修课程"技术与创造"系列下"科技人文融合创新专题"模块提出："科技人文融合创新主要是指基于真实的问题情境，综合运用科学、技术、工程、艺术、数学、社会（简称STEAMS）等学科的知识、方法和技能，以专题学习或项目学习的方式进行问题解决与科技创新。"STEM（STEAM）以及STEM+教育出现在我国国家课程标准中，说明STEM教育已经正式融入我国国家课程体系。

《义务教育信息科技课程标准（2022年版）》在第四学段（七至九年级）的人工智能与智慧社会模块中，设置了人工智能的基本概念和常见应用，人工智能的实现方式，智慧社会下人工智能的伦理、安全与发展这三部分内容。

《义务教育科学课程标准（2022年版）》也指出，"科学课程有助于学生保持对自然现象的好奇心，从亲近自然走向亲近科学，初步从整体上认识自然世界，理解科学、技术、社会与环境的关系，发展基本的科学能力"。

（3）全国各地的STEM教育与人工智能课程实践

与国家课程标准和政策要求相呼应，国内一些城市已有一批教师和专业人员开始了在中小学引入人工智能教育教学的实践探索。（方圆媛 等，2020）

根据推动力量的不同，这些实践探索大致可以分为两类，一类是在中小学，由学校和教师发展起来的实践。这一类实践又可细分为两种，一种是在STEM或创客课程中引入人工智能的内容。比如：北京第二外国语学院附属中学将人工智能的元素和技术引入学校传统的机器人课程以及机器人社团活动中，在机器人设计、编程开发等过程中渗透人工智能知识的学习与动手实践（李建 等，2018）；此外，北京景山学校和温州中学也有教师在教学中尝试寻找编程、机器人等人工智能技术在科学课程与综合课程中的定位，试图挖掘人工智能技术带给综合课程更大的创造空间。（陈凯泉 等，2018）另一种是专门开设的人工智能课程。如人大附中开发了人工智能校本课程体系，从面向全体的常规课，到部分选修的跨学科实践应用，再到少数的前沿探究，形成人工智能纵向金字塔分层课程体系。（武迪 等，2019）此外，北京市海淀区翠微小学、北京市十一学校、华南师范大学附属中学等学校也开设了人工智能内容的相关课程。

另一类是中小学外部力量发展的实践，如高校、事业单位、科研院所等推动发展的实践。比如：北京师范大学课程与教学研究院与有关单位合作，通过组建项目团队，研发测评系统及人工智能教学技术平台，并在全国几十所中小学校开展教学实践探索。（王本陆 等，2018）中央电化教育馆组织力量研发了中学（包括初中和高中）人工智能课程与配套数字资源，并在全国17个省（自治区、直辖市）组织了22所实验校开展课程教学的实践。

二、国内外中小学人工智能课程现状

人工智能课程，是以真实情境下的智能项目活动为载体，传授给学生人工智能的知识、原理，让学生体验人工智能的技术应用，并感悟其中蕴含的原理和方法的一门课程，它融合了数学、物理、信息科学、神经科学、计算机科学、认知心理学等众多领域的学科知识，通过构建多层次的课程体系，培养学生成为与智能社会发展相适应的公民。

现阶段，中小学的人工智能课程更多的是在计算机课程、信息技术课程、科学课程、STEM课程、创客课程中引入人工智能相关的教学内容。可以说，当前国内外中小学人工智能课程是以人工智能教育为主题的泛在课程系列。

国外教育普遍重视科学技术课程，学生很早就接受信息技术教育。以美国和英国为代表的发达国家的中小学人工智能教育起步较早。美国中学信息技术课程就包括人工智能概论，网上相关的教育资源也比较丰富。英国是较早开展人工智能基础教育的国家之一，不少中学开设了人工智能课程，并通过组织和开展相关教育竞赛活动来扩展和延伸人工智能教育。下面以美国、英国、澳大利亚为例，对国外中小学人工智能课程的开设情况和人工智能教育的经验进行介绍。

（一）美国中学人工智能课程的开设情况

在美国，信息技术教育已经非常发达，人工智能课程是计算机科学课程的一部分，且多以选修课的形式开设。（梁迎丽 等，2018）目前，美国中小学的编程课主要是引导学生通过组装编写好的程序模块，来控制机器人完成简单动作，进而培养学生的编程兴趣。

在人工智能教学方面，与高校合作开办课程是美国中小学人工智能教学经常采用的方式，比如，卡内基梅隆大学将本科计算机专业的可扩展状态机器语言课程改进之后，供参加暑期夏令营的高中生使用。（陈凯泉 等，2018）在高中阶段（10~12年级）的信息技术课程中，涉及人工智能教学内容的有"人工智能概论"这一课程。该课程介绍了自动化系统、机器人、虚拟现实技术等内容，目标是使学生了解人工智能的意义及其应用，使学生了解信息技术的大

量运用以及人工智能的产生与发展可能对人类社会造成的各种影响。（郑少艾，1998）

以弗吉尼亚州切斯特菲尔德县公立中学为例，其校开设的人工智能课程如表 2-2-1 所示。

表 2-2-1　切斯特菲尔德县公立中学开设的人工智能课程

课程编号	IT132 人工智能（专家系统）	IT130 高级人工智能（专家系统）
学分	1	1
对象	11~12 年级	11~12 年级
先修课程	无	人工智能（专家系统）
课程描述	设置本课程是为了给学生提供一个机会，利用计算机编程语言和应用软件来分析数据和模拟解决商业问题。学生应注重知识、表示方法及其在优化求解问题中的应用。本课程适用于有一定天赋的学生。	设置本课程是为了增强学生在初级水平的人工智能课程中所学的知识和技能。使学生能够利用计算机、人工智能软件解决各种问题。

（二）英国中学人工智能课程的开设情况

20 世纪 80 年代，人工智能课程以选修课的形式出现在英国的信息通信技术（Information and Communication Technology，ICT）课程中，该课程主要讲解人工智能的基础知识和应用知识。2013 年，英国在中小学教学大纲的全面改革中将原有的 ICT 课程修订为计算课程，教学目标转向关注计算思维和人文价值。在人工智能教学方面，英国中小学多与高校协作开展教学，比如将来自高校的实习教师作为中小学人工智能教育的外部师资、依托高校力量为中小学搭建人工智能教学网站、邀请高校专家参与中小学师生的讨论和答疑等。1999 年，在英国的苏格兰地区，中学信息通信技术课程被分成计算和信息系统两个系列，每个系列都包括中级、高级、高级提升三个等级，各等级都设置了必修单元和选修单元。（张家华 等，2007）这些单元所包含的课程具体名称如表 2-2-2 所示。

表 2-2-2　苏格兰中学信息通信技术课程的构成

系列	计算			信息系统		
等级	中级	高级	高级提升	中级	高级	高级提升
必修单元	计算机系统 软件开发 计算机工程	计算机系统 软件开发	软件开发 计算机 项目	应用软件 数据库 系统	数据库 系统 信息组织	数据库 系统 信息系统 项目
选修单元	无	人工智能 程序设计 计算机网络 多媒体技术	人工智能 计算机 系统 数据通信	IT 的社会 应用 多媒体 互联网	计算机应 用软件 专家系统 超媒体	多媒体 自然语言 处理 系统分析 与设计

（三）澳大利亚中学人工智能课程的开设情况

澳大利亚的部分中学开设了人工智能的相关课程。例如，昆士兰州的马斯登州立高中在开设的信息处理与技术（Information Processing and Technology）课程中，将人工智能、信息系统、算法和程序设计、社会和伦理道德、计算机系统这 5 个主题设计成了该课程的教学内容。在该课程的大纲中规定，人工智能部分的教学内容为 12 年级的学生开设，教学时间为 10 周，35 课时，共计 60 堂课，其中核心教学内容的课时占三分之二，拓展教学内容的课时占三分之一。在人工智能这一主题下，又分为 AI1——Expert Systems（专家系统）和 AI2——Aspects of Artificial Intelligence（人工智能概论）两门子课程，课时安排分别为 24 和 36 堂课。（张家华 等，2007）该课程的基本内容如表 2-2-3 所示。

表 2-2-3　马斯登州立高中开设的信息处理与技术课程

课程名称	人工智能 1（专家系统）	人工智能 2（人工智能概论）
主要内容	专家系统的组成，例如推理机和知识库等 专家系统的使用 数据库及其与信息系统的联系	人工智能的概念 神经网络 专家系统 形式化语言 人类特征模拟 搜索技术 特殊编程语言
学生体验	参与人工智能哲学问题的班级讨论 使用专家系统外壳咨询，构建知识库 设计一个专家系统并运行	参与关于人工智能哲学问题的班级讨论 研究和检验自动学习程序 组装并控制机器人 训练神经网络 研究各种博弈策略 设计一个神经网络并运行 使用自然语言查询工具 研究人类特征模拟在安全和医疗领域的应用

（四）国内人工智能课程的现状

　　我国人工智能教育与国外相比起步较晚，人工智能课程大多在高等教育阶段开设，而在基础教育阶段涉及较少。为了缩小与其他国家的差距，适应社会的需求，我们国家也在加快发展人工智能教育的步伐。人工智能面向大众特别是青少年进行普及将在很大程度上给学生带来逻辑思维能力的提升和思维方式的改变，为学生的全面成长，以及更好地适应未来社会的需求打下牢固的基础。现阶段，中小学的人工智能教育更多的是在计算机课程、信息技术课程、科学课程、STEM 课程、创客课程中引入人工智能相关的教学内容。

现阶段我国各学段信息科技课程和信息技术课程中人工智能相关模块的设置如表 2-2-4 所示。

表 2-2-4　我国各学段信息科技课程和信息技术课程中人工智能相关模块设置

学段	模块	模块内容	学业要求
小学	拓展模块一：算法与程序入门	生活与程序，结构与算法	借助图形化编程体验程序设计过程
	拓展模块二：机器人入门	结构与功能，设计与制作	了解机器人的基本结构和应用，完成机器人硬件的连接与拼装、会进行机器人仿真软件编程
初中	拓展模块一：算法与程序设计	生活与程序，结构与算法	了解程序设计的概念、过程、方法、在生活中的作用。设计算法编程解决简单问题
	拓展模块二：机器人设计与制作	结构与功能，设计与制作	了解机器人的结构和功能部件，完成机器人设计、程序缩写等任务
	人工智能与智慧社会	人工智能的基本概念和常见应用，人工智能的实现方式，智慧社会下人工智能的伦理、安全与发展	能识别身边的人工智能应用，理解人工智能与现实社会的联系。能列举人工智能的主要术语，了解人工智能的三大技术基础，知道目前常见的人工智能实现方式。知道人工智能可能的科技发展方向和安全挑战，了解智慧社会及自主可控技术的地位
高中	选择性必修模块四：人工智能初步	人工智能基础，简单模块开发，简单技术应用	了解人工智能的发展历程、概念和典型算法，亲历设计与实现简单智能系统的基本过程与方法
	选修模块一：算法初步	算法基础，常见算法及程序实现，算法应用	理解利用算法进行问题求解的基本思想、方法和过程，掌握算法设计的一般方法，能描述算法，分析算法的有效性和效率，利用程序设计语言编写程序实现算法

除信息技术课程以外，我国大中小学 STEM 课程、创客课程中也含有人

工智能的相关内容。

在小学人工智能课程的学习探索中，南京大学附属丁家桥小学通过将国外和国内面向小学生的人工智能竞赛的比赛课题分解，转化成课程学习内容，形成了一个学习体系。（陈凯泉 等，2018）通过分解任务，在一个较长的学习时间内完成一个项目，每一个子任务的完成都有阶段性成果，这就很好地激发了小学生学习人工智能的热情。

北京市景山学校的吴俊杰老师在 STEM 教育领域做了一些理论和实践研究，（陈凯泉 等，2018）基于中学生的发展特点，学校开设了名为"数学科学家"的校本课程，探索了信息技术课程变革中的 STEM 教育模式，将图形化编程软件运用到物理学科当中，帮助学生掌握物理学科基本概念，了解物理量之间的变化规律，借助传感器观察电阻和电流变化的规律，研究电阻值与传感器数值之间的关系，这个过程就用到了数学中函数曲线的相关知识。

温州中学的谢作如老师同样对编程语言教学进行了积极的探索，他开发了一门名为"智能机器人创意设计"的校本课程，将用于获取外部环境变化信息的传感器与"乐高机器人"相结合，以图形化编程的形式帮助学生学习编程，教会他们设计机器人。在学生学习了编程软件之后，温州中学又将 Arduino 开发板作为后续学习程序设计的工具，创建了创客空间实验室，开发了"Arduino 创意机器人""树莓派和 Python 编程"等一系列创客教育校本课程。（谢作如，2016）学生在制作作品的过程中，既能感受到编程的乐趣，又能发展自己的创新精神和动手能力。

人大附中的周建华老师，根据学校的人工智能校本课程的开设情况，将人工智能教育内容和 STEAM 课程相整合，从计算、感知、认知、创新等层面，构建了金字塔形的中小学"STEAM+ 人工智能教育"课程体系（周建华 等，2018）。

越来越多的地区将人工智能教育的相关内容纳入中小学课程体系之中，"人工智能"已逐步成为新时代学生的必修课程。

三、国内中小学人工智能课程的发展方向

中小学人工智能教育需要具备三个条件：即教师、教材和教具，所以要提高中小学人工智能教育质量，就必须不断完善这三个条件，以推动中小学人工智能教育的现代化发展和革新。

● **普及人工智能课程**

在中小学阶段，应着重考虑怎样能更加合理地利用已有学科课程的课时，开展普及性的人工智能教育。

中小学阶段的人工智能教育所涉及的课程主要有程序设计、机器人、人工智能课程和相关讲座等。目前，许多小学将 STEM 课程与人工智能课程设置为选修课程，只有极少部分学校会将 STEM 课程与人工智能课程设置为必修课程。在开设人工智能课程的学校中，大部分的课程供给都是以兴趣或竞赛为主导的，极少部分的学生会参与这些课程的学习。在中小学阶段普及人工智能课程，是人工智能教育未来发展的一个重要方向。

● **找准定位，积极开设人工智能课程**

在中小学课时资源紧缺的情况下，人工智能课程的目标定位要准，课时安排要合理。

教育部印发的《义务教育科学课程标准（2022 年版）》指出，科学课程要培养学生的核心素养，包括科学观念、科学思维、探究实践、态度责任等方面，而人工智能属于科学技术范畴，所以在小学科学课程中安排人工智能的内容是切实可行的。

《普通高中信息技术课程标准（2017 年版 2020 年修订）》在原有课程标准基础上进行了大量修订，在人工智能领域，不仅保留了"人工智能初步"

模块，在必修模块中也增加了与人工智能相关的内容。因此在高中阶段，人工智能课程可以在信息技术课程中开设。2022年4月21日，教育部召开发布会，介绍了义务教育课程方案和课程标准（2022年版）的修订情况。新修订的《义务教育课程设置实验方案》对课程方案、课程标准等均做了调整，其中，信息科技课程从综合实践活动课程中独立出来，专门配给课时。在初中阶段，人工智能课程可以在信息科技课程中开设。

● **重视专业教师队伍的建设**

目前，绝大部分中小学校的STEM课程与人工智能课程均由信息技术教师或科学教师教授，短时间内专业教师不能得到及时有效的补充。在中小学，语文、数学、英语等科目的教师较受重视，定期参加培训的机会较多，而信息技术教师参加培训、外出学习的机会较少，这种现象在农村和边远地区尤为突出。即使是在发达地区，绝大多数的信息技术教师也是在分学科的课程体系中培养出来的，缺乏科学、工程、技术、数学跨学科的教育视野和育人能力，远远不能满足学校STEM教育与人工智能教育的需求。加强中小学STEM课程与人工智能课程专业教师队伍建设，是在中小学推进STEM课程与人工智能课程的重点。

在加强教师队伍建设方面，教育行政部门制定了相应政策，例如，积极鼓励高等学校、科研院所、人工智能产业相关人员和人工智能专业的毕业生到中小学担任兼职教师；（肖高丽 等，2018）从中小学遴选部分信息技术和科学教师参加人工智能理论和实践的培训，考核通过后担任人工智能教师。同时，教育行政部门要求并鼓励有条件的综合性大学，特别是各省市的高等师范院校调整专业结构，尽快开设人工智能教育专业，培养面向中小学的专业师资，确保我国中小学人工智能教育健康开展，满足国家未来人才发展的需要。

● **开发人工智能校本课程**

当下中小学人工智能教育还没有全国统一的课程标准，这就需要中小学校的教师在深入理解人工智能思想、算法及其发展趋势的基础上，基于基础教育的规律和学生的发展需要，以培养更好地适应人工智能时代的人才为价值取向，

整体建构课程目标、内容层级和教学体系，逐步建构面向全体中小学生的人工智能教育基础课程。（王本陆 等，2018）

● 优化教学环境

人工智能课程有很强的实践性，离不开教学设备的支持。人工智能教学设备可以分为两类：一类是基础设备，如计算机、网络、操作展示平台及相关的软件；另一类是满足人工智能课程需求的教学设备，如智能开源硬件、无人驾驶小车、无人机、智能编程机器人等。目前，市区内学校和乡镇学校的教学设备差距较大，可以在部分乡镇小学建设计算机房和满足人工智能课程需求的教学设备，从而整体提升人工智能教育的质量。

● 系统整合资源，营造人工智能实验课堂

学校可以根据教学需要，将网络、人工智能教学服务平台、计算机、人工智能产品等设备进行有机互联，系统集成，为学生感知、体验人工智能的最新技术创造条件；还可以依据场地设计制造适合人工智能学习的展示平台，以适应人工智能教学的特殊需要。人工智能资源的整合有利于更好地为教学提供支持和服务，有利于激发学生学习人工智能的兴趣，培养学生的计算思维、创新思维和科学探索精神，全面提升学生的人工智能素养。

● 开发人工智能课程校本教材

编写人工智能课程的教材，有利于学校组织教学，保障人才培养质量。从目前的实际应用情况来看，类似《人工智能基础（高中版）》（汤晓鸥 等，2018）这样的配套实验平台并提供案例的教材还不多，这也是中小学人工智能教育存在的问题之一。事实上，学校要培养各具特色的人才，形成各校的人才培养方向，更需要落实和扩大学校的自主权，由本校的专业教师，结合本校的办学条件和人才培养要求，编写校本教材，创新教育教学模式。

● 重视与其他学科课程的有机结合

人工智能已经是全社会关注的热点，目前来看，人工智能教育主要是在信息技术学科教学当中开展，而在语文、数学、英语、政治等学科教学中很少有人工智能的影子。人们通常会认为，人工智能主要涉及自然科学，人文学科很难与人工智能产生联系。但我们必须看到，人工智能作为可以改变整个社会生活的一项技术，也可以改变学术研究的方式和内涵，例如人工智能与伦理已经是目前热门的研究方向。人工智能与其他课程的有机结合，需要学科教学自身做出相应的改革。

本章回顾与反思

小结

总结一下这一章的内容，可以用下图一览全貌。

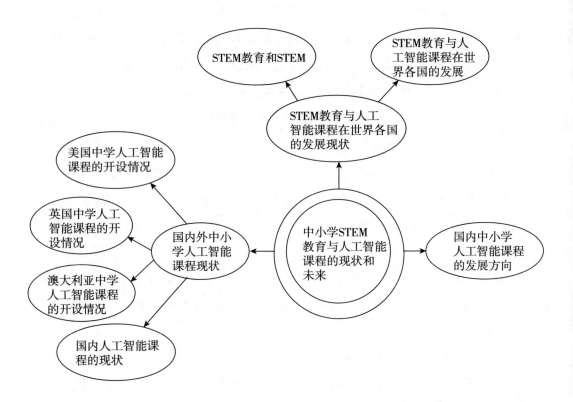

回顾与反思

通过这一章的学习，请尝试思考以下问题：

1. 能否用你自己的语言，说一说人工智能课程在世界各国的教育实践中发展的情况？

2. 你认为，我国中小学人工智能课程存在哪些问题，如何有效地解决这些问题呢？

第三章 小学人工智能课程的开发

小学人工智能课程应侧重于让学生直观地了解人工智能技术，体验生活中的人工智能应用，体验人工智能给社会带来的巨大影响，感悟人工智能对生活和学习的影响，从而激发学生探究人工智能的热情。

当前，在小学开设人工智能课程具有必要性和紧迫性，针对小学课时资源紧缺的状况，如何科学而有效地设置人工智能课程并开展教学活动是首先需要解决的问题。小学生更容易接受什么样的人工智能课程内容？确定这些课程内容的目标依据是什么？在课堂实施层面上，需要注意哪些问题？应该怎样评价一节人工智能课程？这些都是在实施教学之前需要解决的问题。

本章学习目标：

● 了解小学人工智能课程的目标；

● 设计适合小学生认知水平的人工智能课程内容；

● 在小学人工智能课程教学之前，结合合适的教学方法，设计教学计划；

● 了解小学人工智能课程的评价目的、方法和内容。

一、小学人工智能课程的目标确定

课程目标规定了某一教育阶段的学生通过课程学习之后，在发展品德、智力、体质等方面期望实现的程度，它是确定课程内容、教学目标和教学方法的基础。从某种意义上说，所有教育目的都要以课程为中介才能实现。事实上，课程本身就可以被理解为是使学生达到课程目标的手段和途径。

（一）确定课程目标的依据

1. 时代的发展，社会的需求

2015年7月，国务院出台《关于积极推进"互联网+"行动的指导意见》，首次将人工智能纳入重点任务之一，推动中国人工智能步入新阶段。2017年7月，国务院发布《新一代人工智能发展规划》，确立了新一代人工智能发展三步走战略目标，将人工智能上升到国家战略层面。

2020年9月，教育部印发了《中小学教师培训课程指导标准（师德修养）》等3个文件，通过统一制定师德修养、班级管理、专业发展培训课程指导标准，分科制定学科教学教师培训课程指导标准，进一步规范和指导各地教师全员培训工作。《中小学教师培训课程指导标准（专业发展）》将STEM课程与开发纳入"文化知识学习"研修主题，主要内容包括STEM的内涵、STEM的教育价值理解、STEM教育中的科学与数学应用、工程与技术实践、跨学科理解与实践、STEM 课程开发与整合。在培训课程研修主题"信息素养提升"中，纳入信息技术与学科教学深度融合、人工智能与教育变革的内容，努力建设高素质专业化创新型教师队伍。

2020 年 8 月，厦门市教育局发布了《关于开展中小学人工智能教育试点工作的通知》，通知指出：为全面贯彻落实国务院《新一代人工智能发展规划》精神，深入实施《厦门教育信息化 2.0 行动计划》，厦门市将在中小学开展人工智能教育试点，在中小学阶段开展人工智能相关课程教学，逐步推广编程教育，每学期设置不少于 16 课时的人工智能课程。

由此可见，在智能化社会发展的今天，人工智能课程的培养目标、教学内容等都要顺应时代的发展。小学基础教育阶段就很有必要开展人工智能教育，培养小学生的计算思维和对人工智能的认知。

2. 中小学人工智能课程开发标准（试行）

人工智能是当今社会的热点话题，国家、各个行业都给予了高度关注，教育界也掀起了一股研究浪潮，但在 2021 年以前，如何有标准、有依据地在中小学阶段开展中小学人工智能课程，却一直没有可参考的标准。

2021 年 10 月 20 日，中国教育学会中小学信息技术教育专业委员会发布《中小学人工智能课程开发标准（试行）》，此标准于 2021 年 12 月 30 日开始实施。

学科目标是课程育人价值的集中体现，是国家学科核心素养的目标细化。对中小学阶段的学生而言，人工智能课程应该以培养学生适应未来智能社会的关键能力为目标，实现在人工智能意识方面的深入感知和对智能情境的深度体验，提升应用人工智能的敏感度和理解力；在技术应用能力方面，能够深入理解与应用基本人工智能技术，发挥人工智能技术在具体活动中的价值；在实践创新思维上，能够启迪学生智慧，培养思维能力，激发基于人工智能理论与技术的创新实践；在智能社会责任上，树立正确的智能社会发展意识，逐步确立自身未来的成长与价值方向。人工智能学科培养目标不仅与信息技术学科核心素养的总体目标相呼应，同时也关注中国学生发展核心素养的具体内容。

3. 义务教育信息科技课程标准

2022 年 4 月 21 日，教育部印发了《义务教育信息科技课程标准（2022年版）》，提出信息科技课程目标要围绕核心素养，体现课程性质，反映课程理念。核心素养是课程育人价值的集中体现，是学生通过课程学习逐步形成的正确价值观、必备品格和关键能力。

2022 年版义务教育课程标准将劳动、信息科技及其所占课时从综合实践活动课程中独立出来，这为信息科技课程的开展提供了更大的便利。小学低年级人工智能课程应注重生活体验；小学中高年级人工智能课程应初步让学生学习人工智能领域的基本概念和基本原理，并体验其应用。

（二）课程目标

1. 总体目标

小学人工智能课程的总体目标是让学生对人工智能学科研究范畴形成初步概念，例如让学生了解自然语言处理、机器学习、模式识别、神经网络等算法；向小学生介绍人工智能技术相关学科的科普性知识，如认知科学、心理学、计算科学、信息论、控制论等；让小学生了解人工智能的实际应用，例如机器视觉、指纹识别、人脸识别、智能搜索、语义理解等，培养小学生在生活中利用人工智能工具解决实际问题的能力。

2. 核心素养四维目标

《义务教育信息科技课程标准（2022 年版）》中指出信息科技课程要培养四维目标的核心素养，主要包括信息意识、计算思维、数字化学习与创新、信息社会责任。这四个方面互相支持，互相渗透，共同促进学生数字素养与技能的提升。

● 信息意识

信息意识是指个体对信息的敏感度和对信息价值的判断力。具备信息意识的学生，具有一定的信息感知力，熟悉信息及其呈现与传递方式，善于利用信息科技交流和分享信息、开展协同创新；能根据解决问题的需要，评估数据来源，辨别数据的可靠性和时效性，具有较强的数据安全意识；具有寻找有效数字平台与资源解决问题的意愿，能合理利用信息真诚友善地进行表达；崇尚科学精神、原创精神，具有将创新理念融入自身学习、生活的意识；具有自主动手解决问题、掌握核心技术的意识；能有意识地保护个人及他人隐私，依据法律法规合理应用信息，具有尊法学法守法用法意识。

● 计算思维

计算思维是指个体运用计算机科学领域的思想方法，在问题解决过程中涉及的抽象、分解、建模、算法设计等思维活动。具备计算思维的学生，能对问题进行抽象、分解、建模，并通过设计算法形成解决方案；能尝试模拟、仿真、验证解决问题的过程，反思、优化解决问题的方案，并将其迁移运用于解决其他问题。

● 数字化学习与创新

数字化学习与创新是指个体在日常学习和生活中通过选用合适的数字设备、平台和资源，有效地管理学习过程与学习资源，开展探究性学习，创造性地解决问题。具备数字化学习与创新的学生，能认识到原始创新对国家可持续发展的重要性，养成利用信息科技开展数字化学习与交流的行为习惯；能根据学习需求，利用信息科技获取、加工、管理、评价、交流学习资源，开展自主学习和合作探究；在日常学习与生活中，具有创新创造活力，能积极主动运用信息科技高效地解决问题，并进行创新活动。

● 信息社会责任

信息社会责任是指个体在信息社会中的文化修养、道德规范和行为自律等方面应承担的责任。具备信息社会责任的学生，能理解信息科技给人们学习、生活和工作带来的各种影响，具有自我保护意识和能力；乐于帮助他人开展信息活动，负责任地共享信息和资源，尊重他人的知识产权。能理解网络空间是人们活动空间的有机组成部分，遵照网络法律法规和伦理道德规范使用互联网；能认识到网络空间秩序的重要性，知道自主可控技术对国家安全的重要意义。自觉遵守信息科技领域的价值观念、道德责任和行为准则，形成良好的信息道德品质，不断增强信息社会责任感。

根据四维目标的划分，将小学人工智能课程的具体目标细分为如表 3-1-1 所示。

表 3-1-1　小学人工智能课程的具体目标

信息意识
在日常生活中，具有主动使用数字设备的兴趣与意识；知道数字设备使用的基本规范；合理安排数字设备的使用时间，养成使用数字设备的好习惯。 　　体验文字、图符、语音等多种输入方式的表达与交流效果，有意识地使用数字设备处理文字、图片和声音。 　　在网络应用过程中，合理使用数字身份，知道数字身份对个人日常学习与生活的作用和意义，规范地进行网络信息交流。 　　感受应用人工智能技术获取与处理信息的优势。 　　根据学习与生活需要，有意识地选用人工智能技术工具处理信息；崇尚科学精神、原创精神，具有将创新理念融入自身学习、生活的意识。
计算思维
在教师指导下，体验使用数字设备解决问题的过程，能理解人工智能的相关知识和原理。 　　对于给定的简单任务，能识别任务实施的主要步骤。 　　在实际应用中，能按照操作流程使用数字设备，并能说出操作步骤。 　　能根据需要选用合适的数字设备解决问题，并简单地说明选用理由；能基于对事物的理解，按照一定的规则表达与交流信息，体验信息存储和传输过程中所必需的编码及解码步骤。 　　通过生活中的实例，了解算法的特征和效率；能用自然语言、流程图等方式描述算法；知道解决同一问题可能会有多种方法，认识到采用不同方法解决同一问题时可能存在时间效率上的差别。 　　对于给定的任务，能将其分解为一系列的实施步骤，使用顺序结构、分支结构、循环结构三种基本控制结构简单描述实施过程，通过编程验证该过程。

数字化学习与创新

在教师指导下，尝试使用数字设备及数字资源开展学习活动，丰富学习手段，改进学习方法。

能利用数字设备，通过文字、图片、音频、视频等方式记录自己在学习与生活中发生的事情，将记录结果分类、保存，需要时进行提取；能创建简单的数字作品。

借助人工智能技术进行简单的多媒体作品创作、展示、交流，尝试开展数字化创新活动，感受应用人工智能技术表达观点、创作作品、合作创新、分享传播的优势。

能利用在线平台和工具寻找生活中的人工智能过程与控制场景；能设计用计算机实现过程与控制的方案，并在实验系统中通过编程等手段加以验证。

信息社会责任

感受人工智能给生活带来的便利，具有对人工智能的好奇心，树立正确的智能社会发展意识。

自觉保护个人隐私，能在家长和教师的帮助下判断信息真伪。

在浏览他人数字作品时，能友善地发表评论；在分享他人数字作品时标注作品来源，尊重数字作品所有者的权益。

了解算法的优势及保护知识产权的意义，认识到算法对解决生活和学习中的问题的重要性。

二、小学人工智能课程内容的确定

（一）课程内容的选择

设定小学人工智能课程目标可以较好地帮助教师组织小学人工智能课程

内容,但如果缺乏课程设计的原则与策略,教师仍难以科学合理地实施教学。因此,本书提出适用于我国现阶段小学人工智能课程内容设计的三项基本原则。

一是注重对人工智能领域基础性知识的掌握。人工智能领域涉及的知识面广,大量专业知识抽象且难以理解。同时,人工智能领域的知识更新速度快,很多新的知识和模型尚未受到实践的检验。因此,在人工智能课程设计过程中应注重对本领域基础性知识的教学,而不应该盲目地"求全"或"求新"。

二是强调不同主题内容间的横向联系。人工智能课程的内容设计在突出不同基础性教学内容的同时,需要强调各项内容之间的横向联系,使学生能够逐步认识到不同教学内容间的内在和外在关系。

三是有区分度和进阶性。小学生是发展着的个体,随着年龄的增长,认知水平也会不断发展,不同个体发展的速度也不同,即使处于相同学段的学生也会存在认知能力的差异。小学生的思维,会从具体形象思维阶段逐渐过渡到抽象思维阶段。在设计课程内容时,要选择一些在学校现有条件下,容易实施和学生容易接受的内容。同时,小学人工智能课程的内容应该以体验为主,教学环节需切实可行,增强趣味性,满足小学生的好奇心和求知欲,让学生可以体验到人工智能的魅力,这样不但可以提高学生学习人工智能的积极性,还可以让教师的教学达到较好的效果。

因此,小学人工智能课程内容的设计,要围绕已经确立的基础性教学内容,设计符合学生认知规律的进阶性课程内容。这些课程内容之间要有较好的区分度和承接关系。在课程内容的设计和实施过程中,还要尽可能进行逐层分解和分层讲授,并与现实生活中的实例产生关联。同时,课程设计与实践内容需要由浅层到深层,从而培养学生的知识整合与创新迁移能力。

小学人工智能课程的教学内容具体可分为四个层面,即人工智能通识、人工智能技术、人工智能系统、态度与价值观等,难度呈梯度加深。该教学内容的分层同样适用于初中和高中阶段。

1. 第一学段（小学1~2年级）

（1）人工智能通识

人工智能通识层面主要从人工智能概念、人工智能的起源与流派、人工智能研究应用现状三个方面进行教与学。小学第一学段（小学1~2年级）主要是认识生活中的人工智能应用，知道图灵测试对机器是否拥有智能的判断方法，具体如表3-2-1所示。

表3-2-1　小学1~2年级人工智能课程人工智能通识层面内容

人工智能概念	1. 人工智能就是让机器去完成以前只有人才能够完成的智能工作。 2. 知道智能分为自然智能和人工智能，能区分自然智能和人工智能。 3. 体验人工智能不同的表现形式：会看、会听、会说、会行动、会思考、会学习等。
人工智能的起源	1. 知道达特茅斯会议。 2. 知道图灵测试。 3. 知道人工智能发展历史上的一些重大成果，如专家系统、深蓝、沃森、阿尔法围棋。
人工智能研究应用现状	1. 知道人工智能分为弱人工智能、强人工智能。 2. 生活中已经出现的人工智能产品模拟了人的部分智能，如扫地机器人、人脸识别门禁系统、教育机器人等。

（2）态度与价值观层面

态度与价值观层面要从人工智能与社会、人工智能与人类、伦理道德与责任三个方面培养学生对于人工智能的态度与价值观。学生在小学第一学段（小学1~2年级）要知道人工智能的运用可能会对社会产生正面或负面的影响，可能影响社会的公平与正义，带来法律方面的问题，需要有责任地使用人工智能产品，具体如表3-2-2所示。

表3-2-2　小学1~2年级人工智能课程态度与价值观层面内容

人工智能与社会	1. 了解人工智能在社会生产、生活、工作、学习等方面的应用。 2. 社会需求推动了人工智能产品、系统的开发与利用。 3. 人工智能产品的使用会对社会产生正面或负面的影响，要避免人工智能技术对社会造成负面的、破坏性的影响。 4. 人工智能应服务于全社会。当使用人工智能产品时，会涉及社会公平问题。 5. 人工智能技术的应用可能会侵犯他人的权利，会涉及法律问题。
人工智能与人类	1. 人工智能是对人类感知、思维和行为能力的模拟。 2. 人工智能会给人类带来便利，也可能存在一定的危害。
伦理道德与责任	1. 错误使用人工智能产品可能会伤害他人，知道哪些行为是对人工智能产品的滥用。 2. 要开发有利于人类的人工智能产品，使用人工智能产品时要承担责任。 3. 通过分析人工智能技术可能存在的伦理道德风险，懂得负责任地使用人工智能产品。

2. 第二学段（小学3~4年级）

人工智能技术层面主要从人工智能原理与算法、人工智能工具与产品、人工智能编程三个方面进行教与学。学生在小学第二学段（小学3~4年级）主要熟悉图形化编程平台，知道有不同的编程工具，对编程和算法产生兴趣，具体如表3-2-3所示。

表3-2-3　小学3~4年级人工智能课程人工智能技术层面内容

人工智能原理与算法	1. 知道一些人工智能产品用来模拟人的行为，另外一些用来模拟人的思想，这些人工智能产品的核心是计算机程序。 2. 针对一个具体的人工智能产品，能够指出其是模仿人的行为还是思想，是否具有学习的能力。 3. 了解常用的编程算法，对编程算法产生兴趣。 4. 结合生活中的实例，了解算法的顺序结构、分支结构和循环结构三种基本控制结构，能分析简单算法的执行过程与结果。 5. 掌握遍历查找及列表的二分查找算法，能够在程序中实现相关算法进行数据查找。

人工智能工具与产品	1.人工智能产品的开发可以采用现成的工具，不同的人工智能应用可以采用不同的人工智能技术和工具来完成。 2.一个具体的人工智能产品的开发需要不同的人工智能技术和工具来完成。 3.人工智能技术已经成功地应用在智能医疗、智能教育、智能制造、智能交通等多个领域。
人工智能编程	1.掌握一种图形化编程平台的使用方法，知道指令模块、角色、背景、舞台、脚本，能够使用人工智能相关指令模块实现相应功能，体验人工智能。 2.掌握顺序、循环、选择三种程序结构，编写具有一定逻辑复杂性的动画、游戏、互动艺术脚本程序。 3.了解程序模块化设计思想，通过观察程序运行结果发现程序设计中的问题。 4.了解思维导图和流程图的概念，能够使用思维导图辅助设计，能够识别简单的流程图。 5.了解项目分析的基本思路和方法。能够根据实际问题的需求设计和编写程序，解决现实问题，创作编程作品，具备一定的计算思维。

3. 第三学段（小学 5~6 年级）

人工智能系统层面可以主要从系统工程、系统设计与开发、系统评估与维护三个方面进行教与学。学生在第三学段（小学 5~6 年级）要知道一个系统是由多个子系统组成的，认识系统框架结构图，能够运行系统，并分析系统是否满足需求，具体如表 3-2-4 所示。

表 3-2-4　小学 5~6 年级人工智能课程人工智能系统层面内容

系统工程	1.知道所有的系统都需要资源，且系统的各个部分协同工作以实现同一个目标。 2.知道许多系统都有子系统，它们有边界定义；许多系统是更大系统的一部分。 3.创建包含多个子系统的简单系统结构图或框架图；能够标识子系统，解释每个子系统的功能。 4.基于对每个组件功能的了解，建立一个简单的系统解决方案来完成一个目标。

系统设计与 开发	1. 知道人工智能的系统设计是一个系统的、创造性的、反复的过程。 2. 设计人工智能系统首先要确定需求和标准，即产品或系统的特性。 3. 利用现有的工具和资源，构建并测试一个简单的模型，以确定它是否满足问题的要求。
系统评估与 维护	1. 人工智能产品需要以适当的形式进行维护，以便能正常使用。 2. 根据系统设计目标，能判断人工智能系统是否处于正常工作状态。 3. 在一个简单的人工智能系统中找出系统不能正常工作的原因，并提出避免失败的方法。

（二）小学人工智能课程的开发案例介绍

本书从人工智能技术的层面展开小学人工智能课程开发案例的介绍。智能感知技术是人工智能技术的重要组成部分，结合《中小学人工智能课程开发标准（试行）》《义务教育信息科技课程标准（2022年版）》和小学生的认知特点，本书中介绍的小学人工智能课程的教学内容主要是基于公开免费且方便入手的平台进行开发，平台包括 Mixly For Arduino（米思齐图形化编程软件平台，简称米思齐）、腾讯扣叮人工智能实验室和诗三百人工智能诗歌写作平台。我们选取了发生在小学生身边的体验感较强的事件作为主要内容，以闪烁的小灯、控制蜂鸣器发声、液晶屏显示倒车雷达距离、体验语音识别和智能聊天、体验自然语言理解这5个案例为代表进行介绍，具体教学内容如表3-2-5所示。

表3-2-5　小学人工智能课程开发案例的教学内容

序号	项目名称	主要任务	主要教学内容与要求
1	闪烁的小灯	利用米思齐，实现数字输出模块和延时模块功能。	理解 LED 灯点亮的原理。 学会选择正确的模块，设置正确的输入输出端口，调整好硬件连线。 学会用时间模块控制灯亮和灯灭的时间，最终点亮自己的 LED 灯。

序号	项目名称	主要任务	主要教学内容与要求
2	控制蜂鸣器发声	蜂鸣器硬件连接和使用方法。 利用米思齐，实现声音播放模块功能。	理解蜂鸣器发声的原理。 学会选择正确的模块，设置正确的输入输出端口，调整好硬件连线。 掌握播放声音模块、条件判断模块和循环模块的程序设计，最终完成自己的门铃／警笛程序。
3	液晶屏显示倒车雷达距离	LCD1602 显示模块的连接和使用方法。 利用米思齐，实现液晶显示屏模块功能。	了解液晶显示器的工作原理及工作流程。 掌握 LCD1602 显示模块的使用方法。 学会用液晶显示器模块和条件模块组合实现倒车雷达的距离的显示。
4	体验语音识别和智能聊天	在腾讯扣叮人工智能实验室中，体验语音识别和智能聊天功能。 设计简单的项目。	了解语音聊天机器人的组成结构和工作原理。 在腾讯扣叮人工智能实验室中，借助图形化编程工具，动手体验语音识别和智能聊天扩展功能。
5	体验自然语言理解	在腾讯扣叮人工智能实验室中，体验机器翻译、机器对话、机器写作功能。 设计简单的项目。	理解自然语言处理的组成结构和工作原理。 基于微信、华为小艺和小米小爱同学、诗三百人工智能诗歌写作平台，分别体验机器翻译、机器对话和机器写作的效果。

三、小学人工智能课程的实施计划

体验和模仿是基础教育阶段学生最重要的学习方式，也是创新的基础和前提。重视小学生对已有人工智能技术的体验应用，需要结合小学生的天性，选择他们感兴趣的人工智能技术，鼓励和引导学生在"玩"中学，"玩"出新花样，"玩"出新水平，在"玩"中获得新知识，发展新思维。

在小学开设人工智能课程可以帮助小学生更好地了解科技前沿，激发学生对科技的兴趣，培养学生的创新能力。下面从教学课时分配、课程教学方式建议、课堂教学模式、教学软硬件配置和小学人工智能课程的评价这几个方面来具体说明小学人工智能课程的实施。

（一）教学课时分配

结合小学人工智能课程的难易程度和《基础教育信息技术课程标准（2012版）》以及《义务教育信息科技课程标准（2022年版）》中对课时量分配的建议，小学人工智能课程的课时分配应从以下三个方面来考虑。

首先，针对不同年级的学生，教学课时要有不同的分配。考虑到小学高年级学生抽象思维和逻辑思维相对较强，建议人工智能课程设置的起始年级为小学三年级。一些确实有条件在一年级或者二年级开展人工智能教育的地区和学校，建议在以让学生"启蒙"、"入门"和"感悟"为原则的基础上，将低年级学生的人工智能教育与其他课程内容融合，进行课程的设计与教学。

2022年4月，新修订的《义务教育课程设置实验方案》对课程方案、课程标准等均做了调整，其中，信息科技课程从综合实践活动课程中独立出来，专门配给课时。因此，小学阶段建议给 3~5 年级的学生每周在信息科技课中至少安排 1 个课时用于人工智能教学，确保每学期不少于 16 个课时。如果条件允许，建议每周安排 2 个课时，尽可能将 2 个课时连堂，这样可以更好地保证教学的连续性。

其次，要对教学内容和教学方法有较合理的把握和分配。对于相对简单的课程内容，用 1 个课时即可，对于难以理解和动手实践较多的课程，可以适当增加 1~2 个课时，以充分达到四维目标的要求。比如，有些课程需要讲解电路、电子设备的工作原理和选型原则，并且训练学生动手操作，培养学生对电子器件的使用能力和图形化编程的能力，这些内容相对复杂并且内容较多，就可以结合实际情况，在建议课时的基础上再增加 1~2 个课时。

最后，要清楚每个课时需要讲解哪些内容。不同课时的侧重点有所不同，也各有特点，只有抓住了每个课时的侧重点，才能把时间分配得更合理。对于小学生来说，应该以激发他们的学习兴趣为主，原理性的知识可以用故事引入，简要讲解，但在学习图形化编程上要多花时间，引导他们学习使用图形化编程软件，来完成一个作品，进而让他们体会到人工智能技术给人们生活带来的便利。

为了激发小学生对人工智能的兴趣，使他们更容易接受人工智能的相关知识，我们选取了与日常生活密切相关并且体验互动性较强的案例进行讲解。我们以智能感知、传感器等发展相对成熟的技术为基础，选取了 5 个案例：闪烁的小灯、控制蜂鸣器发声、液晶屏显示倒车雷达距离、体验语音识别和智能聊天、体验自然语言理解为代表进行教学，如表 3-3-1 所示是这 5 个案例的具体课时分配。其中，前 4 个案例以趣味图形化编程的形式，分别介绍闪烁的小灯、蜂鸣器、液晶屏显示倒车雷达距离及语音识别和智能聊天等功能。第 5 个案例通过引导小学生动手操作在日常生活中常见的自然语言工具，体验人工智能在自然语言处理领域的应用。

表 3-3-1　小学人工智能课程案例的课时分配

课程名称	模块	案例名称	课时分配
小学人工智能课程	感知体验篇	闪烁的小灯	1.5
		控制蜂鸣器发声	1
		液晶屏显示倒车雷达距离	1
		体验语音识别和智能聊天	1
		体验自然语言理解	2

（二）课程教学方式建议

小学人工智能课程的主要目的是让小学生初步了解人工智能，感受人工智能给我们的生活带来的便利，所以在教学过程中，应该以学生为主体，教师发挥主导作用，教学方式的选择要结合小学生的年龄特点。教师可以通过介绍人工智能在现实生活中的一些应用，创设情境来引发学生的思考，激发学生对课程内容的兴趣。学生通过教师的讲解和自主学习，获取人工智能课程的相关知识，掌握图形化编程的方法，从而亲身体验人工智能在日常生活中的应用，并产生对人工智能未来应用的思考。目前，常用的教学方法主要有以下 4 种。

1. 讲授法

讲授法是课堂教学中常用的一种方法，是指教师用简明、生动的语言向学生传授知识、发展学生智力的方法。它是通过叙述、描绘、解释、推论来传递信息、传授知识、阐明概念、论证定律和公式，引导学生分析和认识问题等。

在人工智能课程中，教师可以用讲授法向学生讲授人工智能的基础知识，使学生较快地获取知识，为后面的体验环节奠定基础。例如：教师通过类比人耳听到声音的过程，结合 PPT 演示，来讲解语音聊天机器人的组成结构和工作原理。学生通过分析类似情境，理解智能语音聊天机器人的组成结构和工作原理。

2. 演示法

演示法是指教师通过展示实物、教具和示范性的实验来说明、印证某一事物和现象，使学生掌握新知识的一种教学方法。演示法有很强的直观性，让学生通过直观的感受和体验来获取知识，能有效地帮助学生理解较为抽象的概念。

在小学人工智能课程中，教师可以通过一些直观的操作，激发小学生对人工智能的兴趣。比如，教师在教学过程中，可以通过在一些软件中演示图形化编程，从而让学生感受到人工智能的语音识别和智能聊天技术在生活中的应用；如果学生从未接触过图形化编程，教师可以先展示语音识别功能模块，然后再让学生自己设置和调整参数，最后在自己的计算机上实现"简易聊天机器人"的功能。

3. 小组讨论法

小组讨论法是指把一个班的学生分成若干个小组，教师向每个小组提供一定的任务或者问题，在规定的时间之内，要求小组成员通过讨论，共同完成任务或解决问题。其实质是让学生体验小组成员之间协作的乐趣，并完成课堂教学内容。

在课堂教学中，桌椅等硬件设施的摆放方式要方便小组讨论，小组规模以3~5个学生为宜。学生在教师的问题引导下，进行问题探究，制定解决方案。教师巡回于各组之间，担任指导者和监督者的角色，指导学生变"听讲"为"倾听"，变"说话"为"交谈"，培养学生合作交流、解决问题的能力。最后，教师要注意要求各组总结本组的讨论结果，并向全班同学汇报，对讨论进行得好、任务完成得好的小组予以奖励。例如，教师可以将学生分成若干个小组，通过小组活动，让学生在小组内研讨无人驾驶汽车上路行驶会带来哪些法律问题及如何应对这些问题；研讨"机器人索菲亚公民身份"案例，帮助学生认识社会中人工智能的伦理问题，以及随着人工智能在各个领域的深入发展与广泛应用，还会出现哪些新的伦理问题。最后请学生展示自己小组的成果，小组间进行评比，鼓励学生相互"挑错"并给出修改方案。

4.任务驱动法

任务驱动法是指在学习的过程中，学生在教师的帮助下，紧紧围绕一个共同的任务活动中心，在强烈的问题动机的驱动下，通过对学习资源的积极主动的应用，进行自主探索和互动协作的学习，并完成既定任务。

任务驱动的教与学的方式，能为学生提供体验实践的情境和感悟问题的情境。学生围绕简单的任务展开学习，以任务的完成结果检验和总结其学习过程等，改变原本的学习状态，主动构建起思考、探究、实践、验证的学习模式，然后重复循环，直至产生解决问题的高智慧的学习方法和体系。需要注意的是，提供给学生的任务或问题，应是适合于进行讨论并能通过协作完成的，且难度必须处于小学生学习的能力范围之内。例如，通过创设问题情境：把几个简单的中文句子翻译成英语或德语，并思考计算机能否自动做语言翻译，让学生在趣味翻译的小活动中，体会自然语言处理技术，引发学生进一步学习机器翻译的兴趣，并引导他们感受机器翻译给我们的生活带来的便利。

（三）课堂教学模式

人工智能课堂教学，既要有基于新兴科技的人工智能教育，还要在课堂教学中贯穿对学生科学思维、技术思维、工程思维、数学思维等的培养。同时，所有的教学内容都要围绕问题（或项目）来展开，问题（或项目）是人工智能学习的起点。因此，人工智能课堂教学是通过"以问题为导向"和"以项目为导向"这两种课堂教学模式来实施的（如图 3-3-1 所示）。

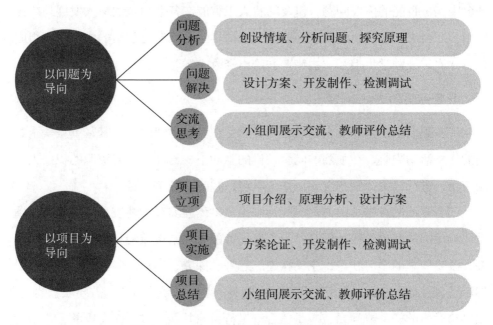

图 3-3-1　人工智能课程探究性课堂教学模式

1. "以问题为导向"的人工智能课堂教学

人工智能课程的特点是强调综合运用多学科的知识，鼓励孩子们探索真实生活场景中的问题。在人工智能课堂中，动手实践的过程需要学生综合运用编程知识和其他学科知识，运用学习到的科学、技术、数学等知识解决问题，运用工程思维思考问题，在学习的过程中培养解决问题的能力。

在传统的科学教学模式下，教师往往单方面对学生进行知识灌输，学生们机械性地接受知识、消化知识，对知识进行死记硬背。这样的教学方法往往会使学生对知识的理解与运用能力较为薄弱，并且只能形成短期记忆。而在"问题导向"的教学模式下，教师会抛出一个问题，让学生进行摸索和探究。在探究的过程中，学生能够不断发现问题、思考问题、解决问题，从而自主获取知识，并有效地记忆和掌握知识。

与传统课堂相比，"以问题为导向"的人工智能课堂可以增强学习的趣味性，促使学生进行深层次学习，同时也可以促进学生沟通与合作能力的提升。

小学阶段的学生活力四射，朝气蓬勃，求知若渴。他们的好奇心会引导其善于提出问题，比如：小汽车为什么能准确地停到车位上？小爱同学为什么能回答我的问题？……以问题为导向的主题探究，能将小学生已有的知识、技能和概念问题化，通过问题将人工智能课堂目标融入小学生所处的学习环境之中。

与此同时，以问题为导向的人工智能课堂教学模式也促进了教师对教学的理解，让其能在不同情境下对不同的学习过程给予引导和延伸。例如：在学习人工智能技术之机器学习的实现原理时，教师就可以通过微信小程序"猜画小歌"，让学生来体验与人工智能交互猜画的过程。通过"你画我猜"游戏，让学生来猜教师画的是什么，让学生体会人在图片辨认过程中的思考方式，为后续理解机器猜画的原理，理解机器为什么能看会认、能听会懂做铺垫。

2."以项目为导向"的人工智能课堂教学

在小学阶段，除了"以问题为导向"的人工智能课堂教学模式之外，还有"以项目为导向"的人工智能课堂教学模式。"以项目为导向"的课堂同样要基于问题情境，教师在课堂上更多的是引导学生综合运用已掌握的学科知识和研究方法，运用数学知识、物理知识、信息技术知识和科学原理，设计一个方案或者制作一个作品，经历项目立项、项目实施、项目测试和验证等的学习过程。例如：在体验智能聊天的学习过程中，教师可以展示人耳的结构和人耳听到声音的接收过程，启发学生理解语音聊天机器人的组成结构和工作原理，然后展示并引导学生体验腾讯扣叮人工智能实验室中的智能聊天扩展功能。通过具体的项目，教师引导学生思考语音聊天机器人的工作原理，并逐步达到让学生自己设计并体验语音识别功能的目的，将学科知识与关联技术的设计相结合，培养学生的科学探究能力。

以项目为导向的教学为不同学科内容的整合提供了有效的途径，在以项目为导向的教学探究活动中，从信息的收集、计划的制定、方案的选择到项目的实施，学生参与整个过程的每个环节，成为探究活动的主人。

（四）教学软硬件配置

教学效果在一定程度上取决于教学环境的好坏，根据小学人工智能课程的内容特点，建议教学环境具备如下条件。

1. 教学硬件环境配置

小学人工智能课程的教学需要在信息化机房中进行，计算机操作系统为Windows，教师应充分利用现有的教学资源和设备，顺利完成课堂教学。除此之外，学校还应配备阶梯教室、多功能报告厅、图书馆等多功能区域，以及完成教学任务需要具备的硬件载体或相关元器件。

Arduino 是一款便捷灵活、方便上手的开源电子原型平台，在小学人工智能教学中经常用到。我们就以 Arduino 为例，来介绍教学过程中使用到的硬件，Arduino 的详细管脚如图 3-3-2 所示。

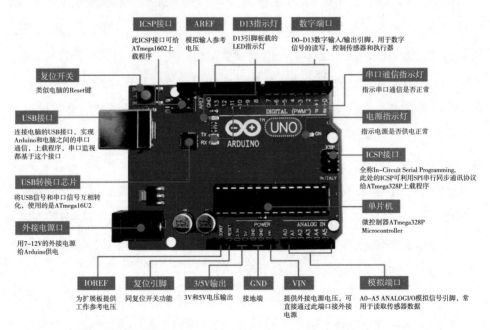

图 3-3-2　Arduino 的详细管脚图

Arduino 是一款标准的软硬件开发平台，使用了 Atmel AVR 单片机——一个信用卡大小的开放源码的电路板，拥有灵活、易用的硬件和软件。Arduino 项目起源于意大利，该名字在意大利是男性用名，音译为"阿尔杜伊诺"，意思是"强壮的朋友"。Arduino 板带有输入和输出管脚，可以使用电线连接各种电子组件：电阻器、LED 二极管、电动机、风扇、按键、扬声器、传感器等等，如图 3-3-3 所示为 Arduino 板的基本结构图。

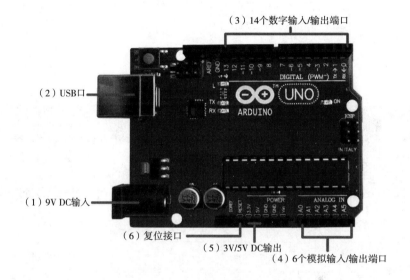

图 3-3-3　Arduino 板的基本结构

Arduino 的基本结构（相关英文缩写词的注释如图 3-3-2 所示）。

（1）1 个 9V DC 输入，为 Arduino 板提供外部电源，使 Arduino 板具有能够驱动舵机等大功率外部设备的能力。

（2）1 个 USB 口，通过该口连接到计算机，由 Arduino 的 IDE 将用户编写好的控制程序上传到控制板中，同时还可以通过该口为电路板供电，驱动小功率的外部设备。

（3）14 个数字输入／输出端口，端口 0（RX）和端口 1（TX）分别连接主控芯片的串行管脚，用来接收和发送 TTL 串行数据；端口 2、3 可以接收外部信号，实现外部中断功能；端口 3、5、6、9、10、11 作为 PWM 端口，可用于电机 PWM 调速或音乐播放；端口 10（SS）、11（MOSI）、12（MISO）和 13（SCK）在 SPI 模块库的支持下，可以提供 SPI 通信模式，其中端口 13 内部连接了一个 LED 指示灯，随着 13 管脚上电平的高低变化，实现 LED 指示灯开启和关闭。

（4）6 个模拟输入／输出端口，其中端口 4（SDA）和端口 5（SCL）可以实现 I2C 通信。

（5）1 个 5V DC 输出和 1 个 3.3 V DC 输出，可为其他电路提供 3.3 V 和 5 V 直流电源。

（6）1 个复位接口。

表 3-3-2　英文缩写词注释

缩写	英文	中文
IDE	Integrated Development Environment	集成开发环境
TTL	Transistor-Transistor Logic	晶体管－晶体管逻辑
PWM	Pulse-width Modulation	脉冲宽度调制
SS	Slave Select	片选引脚
MOSI	Microprocessor Operating System Interface	微处理器操作系统接口
MISO	Multiple Input Single Output	多输入单输出
SCK	Serial Clock	集成电路总线的时钟控制信号
SPI	Serial Peripheral Interface	外围设备接口
SDA	Serial Data Line	串行数据线
SCL	Serial Clock Line	串行时钟线
I2C	Inter-Integrated Circuit	集成电路总线

Arduino 系统是基于单片机开发的，并且大量应用通用和标准的电子元器件，包括硬件和软件在内的整体设计代码均采用开源方式发布，因此在市面上较易采购，而且采购的成本较低。Arduino 作为开发平台，被越来越多地应用在各种电子制作竞赛、电子艺术品创意设计中。

同时，Arduino 也是商标名称，仅适用于 Arduino 公司生产的正式主板。但是因为 Arduino 项目是开源的，所以有许多衍生产品，这些衍生产品通常以 "-ino" 的变体命名（如 Freeduino）。即使是 Arduino 的官方品牌，也有数十种板卡：Arduino Uno、Arduino 101、Arduino Mega、Arduino Zero、Arduino Due、Arduino Yun 等。

Arduino 的驱动程序安装步骤如下。

首先是物理连接，即通过 USB 线把 Arduino 硬件和计算机相连。如图 3-3-4 所示，圆圈标识的是 Arduino 的 USB 口，它可与计算机的 USB 口相连。

图 3-3-4　与计算机相连的 Arduino 板

其次，安装驱动。驱动程序所在位置为：MixlyWin\Arduino\drivers，安装成功后，在设备管理器中会出现一个串口，如图 3-3-5 所示。

 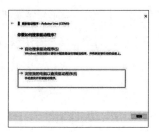 

图 3-3-5　Arduino 的驱动程序安装

如图 3-3-6 所示是完成 Arduino UNO 控制板卡驱动程序安装成功后的设备管理器状态。

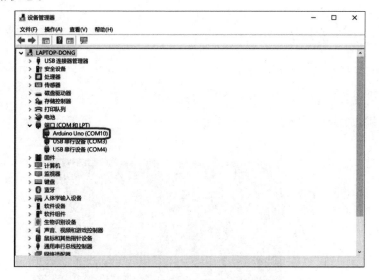

图 3-3-6　安装驱动程序后的设备管理器状态

以上介绍的是 Arduino 与计算机的连接。但是有了硬件设备连接还不够，我们还需要通过一根数据线给 Arduino 注入"思维能力"，才能开始我们的编程之路。

2. 教学软件环境配置

学生和教师的计算机已安装好 Windows 操作系统，教师的计算机已安装相应的软件，以便于教师实时了解学生上课的情况和批量发送、上传文件。上课前，教师要确保所有计算机中都已安装好所需的软件。

在小学阶段，结合小学生的特点，人工智能课程主要以感知、体验人工智能技术为主，所以选择相对简单的图形化编程软件。本节我们主要介绍 Mixly For Arduino（米思齐图形化编程软件）和腾讯扣叮实验室，主要是因为这些平台是公开免费的，并且集成了案例所需要的各种功能，对于教师和学生来说方便入手。

米思齐是由北京师范大学米思齐团队独立研发的一款图形化编程工具。它基于 Google 的 Blockly 图形化编程框架开发，目的是配合 Arduino UNO 开发板套件使用。用户可以从米思齐官网（http：//mixly.org/）下载对应操作系统的软件，米思齐自带 Java8 运行环境，用户直接双击 mixly.vbs 即可使用。米思齐能够支持输入输出、程序结构、数学变换、文本输出、逻辑处理、传感模块和变量常量等应用模块，以及程序编写、程序编译、代码保存、程序上载、模块管理和串口监视等程序处理功能，真正做到了从用户角度出发，科学实现 Arduino 程序的图形化编程。

连接硬件控制器后的状态栏如图 3-3-7 所示，出现的串口号与 Arduino 对应的串口号一致即表示连接成功。如图 3-3-8 所示是米思齐编译环境的介绍。如图 3-3-9 所示是米思齐代码示例"Hello World 程序"的输出。

图 3-3-7　连接硬件控制器后的状态栏

图 3-3-8　米思齐编译环境

图 3-3-9　米思齐程序代码示例

　　腾讯扣叮实验室是一款人工智能教育平台（如图 3-3-10 所示），这个平台比较适合让学生初步体验、感受人工智能技术的基本应用，学生能够很快上手完成实验的设计，也比较适合课程体验。该平台的"实验室"栏目中包含了多种编程语言的实验平台，既有面向低年级的图形化编程，又有面向高年级的Python 和 C 语言等编程语言，可以说将几种主流的编程语言都涵盖了。教师可以根据不同年龄阶段的学生选择不同的编程语言实验室，几种实验室之间可以实现简单方便的切换。除此之外，腾讯扣叮实验室中还特别加入了"AI 实验室"，方便学校开展人工智能相关的课程。

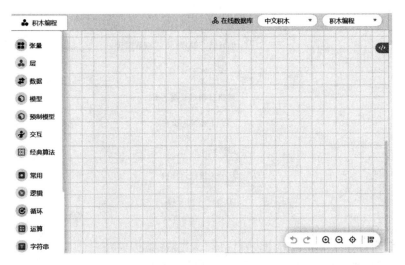

图 3-3-10　人工智能教育平台——腾讯扣叮实验室

腾讯扣叮实验室包含了当前比较主流的人工智能应用，比如语音识别、图像识别、自然语言处理等，可以让学生体验比较流行的 KNN（K-Nearest Neighbor，K 近邻）、RNN（Recurrent Neural Networks，循环神经网络）等机器学习算法，并且能够直接看到输出结果，让学生对人工智能有感性的认识，能够很好地激发小学生学习人工智能知识的兴趣。

平台既支持图形化编程，也支持代码编程，学生可以根据不同的需求进行自主选择。在图形化编程的模块中，人工智能技术的一些典型技术都有封装和集成，比如在模块中包含了多阶张量的使用，还有神经网络中的各种"层"，方便学生进行神经网络模型的设计。在模型中也可以调用一些网络上成熟的人工智能算法模型，方便学生利用这些模型进行人工智能项目的设计与开发。

这里给出一个使用腾讯扣叮实验室中自然语言处理功能的实验案例，我们可以通过键盘输入文字与人工智能进行聊天（如图 3-3-11 所示）。不难发现，在特定的问题中人工智能能够很好地回答人类的问题，但是在某些问题中也会看到人工智能"模棱两可"的回答，这是因为使用了模板配对技术，对于没有明确答案的问题，人工智能会采用比较模糊的方式进行回答。

> 你好

你好哇，很开心你能找我聊天。

> 天气好不好

是啊！瞬间暴雨下来

> 今天温度怎么样

过得还可以

> 今天是几月几日

2021 年 3 月 5 日

>

图 3-3-11　人工智能聊天示例

事实上，语音识别技术也比较容易让学生进行体验。通过麦克风输入语音后，人工智能可以将输入的语音转换成文字输出。

四、小学人工智能课程的评价

教育工作者总是希望通过教学给学生带来一些变化，希望通过教师与学生、学生与学科内容之间的相互作用，显著地影响每一个学生。我们把在课堂教学过程中收集教师教学行为和学生学习行为的信息，衡量和判断学生达到教学目标的程度，从而为改进教学提供依据的过程，称为课堂教学评价。

（一）评价的目的

评价的目的，即为什么要评价，评价使用者的意图何在。评价的目的不同，选用的评价方法和评价内容就会不同。明确评价目的是做好评价的前提条件，如果评价目的不清晰，就会影响整个评价方案的质量，从而降低评价工作的科学性。

人工智能课程教学评价的目的可概括为以下三点：

一是推进人工智能课堂教学目标的实现。教学是一种有目的、有计划的活动。如何才能达到目的？应该通过评价反馈来保证目的的实现。要想克服在人工智能教学中某些方面出现的不足，使教与学更有效果，就要用评价提供需要改进之处的必要信息。通过对课堂的观察和评价，就可以确定哪些计划应当增加、保留或取消，进而保证课堂教学目标的实现。

二是使人工智能教学系统的运行处于最优状态。教学是一个系统工程，它涉及教师、学生、教材、教学环境、教学手段等多种因素。这个系统又是不断发展变化的，要使它处于最优状态，就需要不断对教学系统的各个组成要素进行调整。调整必须要有组织、有计划地收集信息、分析信息、利用信息，而评价恰恰能起到这个作用。

三是推进教学改革。评价可以使教师明确在人工智能课堂教学中取得的成就和需要努力的方向，使学生明确在学习中取得的进步和不足，从而提高教师教和学生学的积极性，提高教师的教学效率。

（二）评价的方法

评价的方法主要解决的是如何评价的问题，是达到教育评价目的的主要手段。教育评价方法具有不同的层次和分类：按照评价的参照标准分类，有相对评价、绝对评价、个体内差异评价；根据评价的目的分类，有形成性评价、诊断性评价和终结性评价；按照评价的表达方法分类，有定量评价和定性评价等。不同的评价方法各有优劣，在选择时要遵循"有的放矢，注重实效"的原则，根据评价目的全面衡量、慎重选择，力争发挥每种方法的优势，让各种方法优势互补，形成一个有机的评价方法体系，以达到实用、有效的目的。

本节将对教育评价方法做一个总体的介绍，在小学人工智能课堂教学评价中要灵活应用这些评价方法。

按照评价的参照标准分类，可将教育评价方法分为相对评价、绝对评价和个体内差异评价。

1. 相对评价

相对评价主要依据学生个人的成绩在该班学生成绩序列中所处的位置来评价和决定他的成绩水平，而不是测量他是否达到教学目标的要求。一般来讲，相对评价的标准是根据被评价对象的整体状况来确定的，通常会参照整体数据的平均数或标准差，评价标准因被评价对象的整体状况而异。通过比较，可以确定被评价对象在整体中的相对位置，分出优劣。相对评价主要用于选拔性活动。比如，学校选拔学生参加青少年人工智能大赛，就可采用此种方法。先给全体参加选拔的学生打分，然后求出平均数或标准差，再把每位学生的分数与平均数或标准差进行比较，在成绩序列中排序，进而选拔出可以参加青少年人工智能大赛的学生。

相对评价的优点是便于比较。在任何一个团体中，无论这个团体中个体状况如何，都可以通过确定一个相对标准来进行比较，个体在这个群体中总可以找到自己的相对位置，从而了解自己在团体中的学习效果。个体认识到自己与群体中其他对象的差距，有利于激发其竞争、前进意识。

相对评价的缺点是不能对评价对象如何改进其活动状况提供实质性的解决方案。这种评价方法虽能评定个体在群体中的相对位置，却没有重视目标的实现程度。在相对评价活动中，无论评价对象的实际水平如何，在这个群体中总能找到自己的相对位置，处在相对较差的位置上的个体有可能总是处在那个位置上，使该个体丧失信心。并且，相对评价的结果并不表示评价对象的实际水平，只能显示其在群体里的相对位置，有可能是"矮子里边选高个儿"，因而选出来的"高个儿"也未必就是真高。（史晓燕，2016）

2. 绝对评价

绝对评价也称目标参照评价，是在评价对象的集合之外，确定一个客观标准，把评价对象与这一标准进行比较，判断其达到标准的程度。绝对评价不照顾评价对象整体的状况，它的特点是教育性和引导性强，不论对谁，标准都是统一的。绝对评价一般以特定目标所确定的标准为评价准则。评价时，每个个体只与评价标准相比较，个体与个体之间不进行相互比较。

绝对评价的优点是可以使被评价对象了解自己与标准之间的差距，认识不足，激励其积极上进。但是，绝对评价的客观标准也是由人来制定和掌握的，难以避免主观性，因此绝对评价的缺点是客观标准的制定比较困难，很难做到完全客观和合理。

由于绝对评价可以考查学生对教学目标的完成度，而且有一个预先设定好的固定、明确的评价标准，操作性强，容易被大多数人理解、接受和掌握，因此在评价工作中应用比较广泛。评价对象只要与这个绝对标准相比较，就会了解到自己与目标之间的差距。比如，以人工智能教学大纲和教材为依据出题测试学生，学生的得分也就是他达到国家基本要求的实际程度。再如，教师在评定学生对于某一章节的学习是否达到要求时，只需检测学生的学习结果是否达到了本章节的学习目标即可。

3. 个体内差异评价

把被评价集合中的每个个体的过去和现在相比较，或者将某个个体的若干侧面相互比较，即为个体内差异评价。

这种评价方法在运用时有两种情况。一种情况是把被评价对象过去和现在在同一方面的情况进行比较，从而判断学生的发展状况。例如，某学生过去的人工智能课程成绩是 95 分，现在是 65 分，说明该生学习成绩下降了。

另一种情况是对被评价对象的某几个侧面的情况进行比较，考察其所长所短。比如，一个学生学习人工智能知识的情况可以从算法知识、编程技能、计算思维、动手实践这四个方面来考察，考察之后可以发现该生哪一个方面较好些，哪一个方面较差些，以便学生进行自我调节，明确需要着重努力的方面。又比如，教师课堂教学的情况可以考察以下内容：课堂教学计划、教学目的、教学方法的选择、教学内容的讲解、学生听课情况、学生对知识的掌握程度等。教师可以根据这些内容，结合自己的教学情况进行评价。

这种评价方法充分照顾到了被评价者个性的差异，在评价过程中不会给被评价者造成压力。它的缺点是，这种评价既不与客观标准比较，又不与其他被评价者比较，很容易使被评价者自我满足，或感到评价的价值不大，压抑被评价者的争先意识。

一般来说，个体内差异评价常常与相对评价、绝对评价结合起来运用。从评价标准的确定性来看，绝对评价标准的选取是在评价对象之外，是依据教学目标制定的、比较固定的标准；相对评价的标准是在评价对象之中选择一个或若干个对象，是变动的标准；个体内差异评价的标准是个体自己。固定不变的标准不考虑个体甚至群体的变化发展需要，容易操作但缺乏灵活性，而过多考虑个体需要，则容易导致失去全局性。如果在评价活动中，结合评价目的将三者结合起来使用，就可以更好地发挥三种评价方式各自的优势，达到更好的评价效果。（史晓燕，2016）

从主观上看，评价都有其特定的目的。根据评价的功能和目的分类，教育评价方法可以分为形成性评价法、诊断性评价法和终结性评价法。

4.形成性评价

形成性评价是指在教学过程中为了解学生的学习情况，及时发现教学中的问题而进行的评价。形成性评价常以非正式考试或单元测验的形式来进行。测验题目的编制必须考虑单元教学中所有的重要目标。通过形成性评价，教师可以随时了解学生在学习上的进展，获得教学过程中的连续反馈，为教师随时调整教学计划、改进教学方法提供参考。开展形成性评价常见的形式包括：学生档案袋或成长记录、课堂笔记、学生自我总结、教师评语等。

形成性评价不是为了预测或评定学生成绩，而是为了及时地获取教学情况的反馈信息，将教师和学生的注意力集中到要达到的掌握知识的程度上，从而调节教育活动，恰当地改进教学工作，使教育目标得以顺利实现。例如，在具体的人工智能教学过程中，形成性评价可以在每个单元教学结束时进行。形成性评价一方面可以对已达到教学目标的学生起到强化作用，还可以为学生找出困难、错误产生的原因，进而便于教师因人施教，为学生提供克服困难、修正错误的有效方法；另一方面可以使未达到目标的学生明白自己要花多少时间、进行怎样的努力，才能有效掌握教学单元的全部内容，从而进行自我调节，进一步掌握单元知识。对教师而言，可以从学生在形成性评价中表现的困难和错误中发现自己在单元教学中存在的问题，通过指导学生改进学习方法、改正错误来积累下一个单元的教学经验。

进行这种评价，有以下两个注意事项。

一是正确对待教学过程中的测验。通过测验可以了解学生是否达到了教学目标，但不能把测验单纯用于排名次，避免给学生造成不必要的或者过重的负担。

二是要注意获取教学测验中的反馈信息，对评价中反映出来的问题及时采取措施，在下一阶段的教学活动中做出相应的调整，进而达到形成性评价的目的。

5. 诊断性评价

诊断性评价是指在进行某项教育活动之前，为更有效地实施预定计划而进行的预测性、测定性评价，通过测验评价对象，对评价对象存在的问题给予判断，为改进下一步教育活动提供依据。诊断性评价要根据事先制定的具体目标进行，这样可以了解学生是否在课前已达到既定标准以及达到标准的程度，同时了解学生已有的学习基础，并对此做具体分析，以采取必要的指导措施。这种评价是为了使教学适合学生的需要，可在单元、学期、学年教学开始时实施诊断性评价。

在人工智能教学工作中，经常使用诊断性评价。比如，在学年或学期初始，对学生进行诊断性评价，能了解到学生对本学期所要学习的人工智能基础知识和基本技能的掌握情况，以便为制订新的学习计划做好准备。在教学活动开展之前，运用诊断性评价了解学生自身的条件和需求，以便有针对性地确定课堂活动的目标、内容、方法等。如果学生达到了目标要求，就正常实施教学计划；如果学生没有达到目标要求，则要调整教学计划，从而真正发挥诊断性评价的作用。

6. 终结性评价

终结性评价也称为总结性评价，是在教学活动完成以后（如学期末、学年末）对教学活动的最后结果进行的全面评价。其目的是了解学生的学习结果是否达到了教学目标的要求。

进行这种评价，首先要制定评价标准，以达到目标为基础进行评价；其次测试题的覆盖面要适当加宽，并要有一定的代表性；最后是要重视学生的自我评价，使他们能够从知识、能力、方法、态度等方面，判断自己的学习成果达到教学目标的程度。

这种评价的特点是客观简便，易于实行；缺点是它具有事后验证的性质，不能改进学生学习过程中的学习活动，不能改善已发生的教学行为，而且只看最终结果，不问过程，容易造成评价现状与改进工作脱节。比如，一些学校考完期末考试，便意味着一个学期的工作完结，很难改善已发生的教师教学和学生学习行为。在具体的人工智能教学过程中，可以对学生进行终结性评价，通过期末考试对学生学习的成绩进行评定，还可以通过让学生动手制作一个人工智能主题作品，以此对学生的学习能力进行评价。

这里要强调的是，形成性评价、诊断性评价和终结性评价，在教学中往往是一起进行的。一般来讲，在教学开始时教师要对学生进行诊断性评价，若在评价中发现了问题，就要修改教学计划。如果确信学生已经具备了学习新知识的条件，那么教师就按照教学方案实施教学。然后对学生进行形成性评价，若在评价中发现问题，就要进行补救教学；若发现学生已经达到了教学目标，则可以进行巩固性的教学或进行终结性评价。如果学生通过了终结性评价，则表明学生在前一个阶段的学习可以结束，可以开始新阶段的学习。

按照评价的表达方式分类，教育评价可以分为定量评价和定性评价。

7. 定量评价

定量评价，即用一定的数学模型或数学方法，对收集到的数据资料进行处理和分析，以此对评价对象做出定量结果的价值判断。如运用教育测量和统计方法、模糊数学方法等，用数值对评价对象的特性进行描述和判断。例如，要对某班学生整体的人工智能学习状况进行评价，首先，确定以学生的期末考试成绩作为主要评价内容，其次，收集学生的考试分数，再次，以数学统计的方法检验该班级平均分数与年级平均分数的差异，最终做出判断。

在以往的课堂评价中，人们曾长期追求评价的科学性和客观性。定量评价看似有客观的评价标准，获取的信息也是客观的、精确的，评价结果的可信度较高。但在现在的教育评价中，量化评价是否还具有"科学性"和"客观性"呢？教育活动中的很多因素是不可量化的，如果使用定量评价对不可量化的内容进行评价，得到的结果就不是科学的。此外，由于教育活动过程是复杂的，量化标准的制定也很难客观，并非所有因素都能够量化。如果仅收集可量化的信息，基于这些信息得出的评价结果就无法全面反映评价对象的真实情况。

8. 定性评价

定性评价不采用数学的方法，而是根据评价者对评价对象平时表现的观察或对文本材料的分析，直接对评价对象做出定性结论的价值判断。运用分析与综合、比较与分类、归纳与演绎等逻辑分析的方法，对所获得的数据、资料进行思维加工。定性评价强调观察、分析、归纳与描述。例如，评价学生学习一节人工智能课程的情况，可以通过观察学生的课堂表现、课堂参与度、在线批改课堂作业并写出作业评语等方式，形成对学生学习态度、学习效果和实际动手能力的判断，最终对学生的学习状况做出分析与评价。

相比于定量评价，定性评价更加关注学生"质"的发展，关注教育结果与教育目标之间的一致性；强调对学生的优缺点进行系统的调查，并对个体独特性做出"质"的分析与解释，是具有实质性内容的一种评价机制。定性评价中使用的工具因评价目的而异、因人而异，因此比较灵活，可以用编制好的工具去现场收集资料，也可以不带任何工具。从某种意义上说，定性评价中的评价工具就是评价者自己。尽管定性评价简单易行，但定性评价的主观性较强，缺乏客观的衡量标准，而且它的评价效度、信度难以检验。因此，在教学评价过程中，要将定量评价和定性评价结合起来，从而获得更全面的评价结果。

（三）评价的内容

评价内容包括学生评价和课堂教学评价。

1. 学生评价

学生评价是以教育目的为基本依据，由评价主体依据一定评价标准，对学生个体学习的进展和变化及其影响因素进行系统分析和价值判断的过程。学生评价是促进学生成长及提高教师教学水平的重要手段，学生评价作为教育评价领域中最基本的一个领域，是教育评价体系中的核心和重要内容。（史晓燕，2016）

学生评价不仅要关注学生的基础知识和基本技能，还要关注学生其他方面能力的发展。不仅要注重对学生掌握基础知识和技能情况的评价，还要关注学生多方面潜能的发展，即信息意识、计算思维、数字化学习与创新和信息社会责任的协调统一。只有这样，才能促进学生各方面协调发展。

小学阶段的学生评价内容主要包括以下四个方面。

（1）信息意识

信息意识包括：理解使用（学生有意识地使用数字设备处理文字、图片和声音，知道信息有真实和虚假之分，乐于与他人分享信息）；信息处理（学生根据学习和生活需要，有意识地选用信息技术工具处理信息，针对简单的问题，具有主动获取、筛选、分析数据和解决问题的能力）。

（2）计算思维

计算思维包括：思想得当（学生具备计算思维，能对简单的人工智能主题任务进行分解，能识别任务实施的主要步骤，用图符的方式表达。在简单问题的解决过程中，有意识地把问题划分为多个可解决的小问题，能用自然语言、流程图等方式描述算法。通过解决各个小问题，实现问题的整体解决）；方法得当（学生掌握人工智能课程学习的基本方法，注重各个学科之间知识的融合）。比如，在问题解决过程中，利用数学、信息技术等学科的知识，使用抽象、分解、算法设计等方法来完成一个人工智能主题作品。

（3）数字化学习与创新意识

数字化学习与创新意识包括：数字化学习（在教师指导下，学生能够使用数字设备及数字资源开展学习活动，通过文字、图片、视频等方式记录自己在学习和生活中发生的事情，将记录结果分类、保存）；在线学习（学生能够利用在线平台获取学习资源，开展合作学习）；创作作品（学生能利用在线平台和工具寻找生活中的过程与控制场景，并在实验系统中通过编程等手段加以实现）。

（4）信息社会责任

信息社会责任包括：社会责任（学生自觉保护个人和他人的隐私，能在家长和教师的帮助下确定信息真伪。用社会公认的行为规范进行网络交流，能够认识到算法对解决生活和学习中的问题的重要性,遵守相关的法律法规）。

2. 课堂教学评价

课堂教学是目前我国中小学教学的基本组织形式,课堂教学质量的高低在很大程度上决定着学校教育教学的水平和学生的发展水平。课堂教学评价是对课堂教学中各要素及其发展进行价值判断的过程。开展课堂教学评价有助于促进课堂教学改革、推动教师专业发展和学生发展。（史晓燕,2016）

课堂教学评价可以分为对课堂教学设计、课堂教学过程、课堂教学效果的评价。

（1）课堂教学设计

教学设计的好坏将会直接影响课程的实施和课堂教学的效果。教师的课堂教学设计应包括确定教学目标和设计教学内容。

● 确定教学目标

教师在设计小学人工智能课堂教学的过程中,所确立的教学目标既要符合《义务教育信息科技课程标准（2022年版）》中,小学人工智能部分的要求,又要适应小学生的年龄特点和知识储备情况。例如,教师可以创设情境,组织学生借助智能音箱等数字设备引导学生查询天气预报、点播喜欢的歌曲等;用语音、录像等方式记录所见所闻,并整理成小作品,通过班级群等途径分享给他人,使学生初步形成利用数字设备开展数字化学习和交流的意识。

● 设计教学内容

教学内容的安排和设计是课堂教学评价的基本评价指标之一,也是课堂教学的主要任务。小学人工智能课堂的教学内容要紧密围绕既定的教学目标进行安排,在让学生感悟人工智能便利的同时,加强学生各项能力的培养,在教学中自然而又巧妙地渗透信息意识和信息社会责任的内容。

（2）课堂教学过程

课堂教学过程包括教学行为和学生表现。

● 教学行为

对教师的课堂教学行为进行评价，主要是看教师如何适当地发挥教师的组织和指导作用，包括教师对整个教学过程的把握，对教学顺序的确定，对教学方法的选择和运用，以及在课堂上对学生如何进行评价等。

小学生刚开始接触人工智能课程，会感到新奇、有趣，教师要因势利导，在课堂上借助直观教具和人工智能教学平台，多做示范，让学生积极参与进来，以激发小学生对人工智能的兴趣。在此基础上，教师在小学人工智能课堂教学过程中应当关注：基于信息科技课程标准中的小学学段部分，是否体现了"信息意识""计算思维""数字化学习与创新""信息社会责任"四维教学目标，强化学生的课堂主体地位；是否可以突出重点、解决难点、循序渐进、层次清晰；教师是否根据课程体系、课程目标正确理解教材所表达的意图，并结合小学生的认知特点将教材内容转化为教学内容。

● 学生表现

学生的表现是课堂教学过程评价的重要方面，学生学习的积极性和有效性对于教师课堂教学效果的实现有着重要的作用。小学人工智能课堂教学过程中学生的表现主要是指小学生对课堂教学的参与度，即参与的学生人数是否是大多数，是否涉及各个层面的学生；另外，要考查学生是否参与了课堂教学的各个环节。

（3）课堂教学效果

课堂教学效果指教师根据课程标准和教科书，通过人工智能课堂教学向学生传授人工智能知识、技能，培养学生信息意识、计算思维、数字化学习与创新和信息社会责任意识所取得的效果与成绩。要想对人工智能课程的课堂教学效果做出科学、正确的价值判断，就需要选用合适的评价方法。比如，要对近期教学效果进行测试，以判断学生对教学目标的实现程度，就不仅要看学生的绝对成绩，还要看学生的相对水平的改变，即与学期刚开始时学生的水平相比较。

评价人工智能课堂的教学成绩，要根据人工智能课程的特点，从实际出发，评价中需要关注以下五点：

◆ 课堂教学向学生传授基础知识、基本技能的效果；

◆ 课堂教学培养学生信息意识的效果；

◆ 课堂教学培养学生计算思维的效果；

◆ 课堂教学培养学生数字化学习的效果；

◆ 课堂教学培养学生信息社会责任的效果。

评价课堂教学效果，要处理好学生不同的知识基础、心理状况、智力及非智力等因素对教学效果的影响。可以从以下两个方面来进行评价。

● 作业布置与批改

作业布置与批改是教师教学工作过程中的必要环节，评价应关注教师所布置的作业与人工智能主题课堂目标的关联度，还要考虑所布置作业的难易程度。对批改作业的评价要注意教师批改方法选取的适宜性，注意评分与评语相结合，更应注意及时的反馈。

● 学生学业成就评价

学生学业成就评价同样是教师教学评价工作的重要组成部分。学生学业成就评价应关注教师的命题及考评组织实施过程。教师应改变评价观，能够采取多种方法开展学生学业成就评价，并善于利用考评信息改进个人教学，注意发挥考评结果反馈的激励作用。

本章回顾与反思

小结

总结一下这一章的内容，可以用下页图一览全貌。

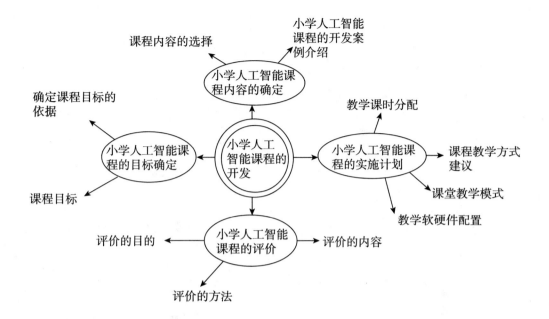

回顾与反思

通过这一章的学习，请尝试思考以下问题，然后根据小学人工智能课程的目标，试着设计一节适合小学生的人工智能课程内容。

1. 在实施小学人工智能课程之前，需要注意哪些方面？

2. 在小学人工智能课程评价中如何才能正确地运用定量评价和定性评价两种评价方法？

第四章 小学人工智能课程开发案例

在上一章中，我们讲述了小学人工智能课程开发过程中的一些内容，比如课程目标的确定、课程内容的确定、课时分配、教学方法、课程的评价等。那么，小学人工智能课程具体应该怎样实施？实施过程中应该注意哪些环节？通过本章的学习，你都会找到答案。

本章学习目标：

- 能够根据实际情况，设计出合适的小学人工智能课程内容并实施；

- 在课程实施之后，对课程进行评价，并改进以后的教学。

由于本章的课程案例面向的是小学生，为了激发小学生对人工智能的兴趣，使他们更容易接受人工智能的相关知识，我们选取了与日常生活密切相关并且体验性、互动性较强的案例进行讲解。本章以智能感知、传感器等发展相对成熟的技术为基础，选取了五个案例：闪烁的小灯、控制蜂鸣器发声、液晶屏显示倒车雷达距离、体验语音识别和智能聊天、体验自然语言理解进行介绍。[①]

一、教学设计案例1：闪烁的小灯

（一）教学内容分析

本课主要教学内容是讲解点亮 LED 灯的原理，借助米思齐进行图形化编程，让学生点亮自己的 LED 灯。

教学过程包括教师通过介绍电灯的原理和改进电灯的故事引入本节课，调动学生学习的积极性；教师通过讲解硬件的连接方法和软件的编程方法，演示点亮 LED 灯、发送 SOS 信号的功能，使学生对本节课的内容有一个初步的认识。学生通过讨论生活中其他的照明灯应用，经历图形化编程的设计过程，对人工智能课程产生兴趣，对利用图形化编程实现电路控制的认识得到提升。

---

① "闪烁的小灯""控制蜂鸣器发声""液晶屏显示倒车雷达距离"三个案例由中国科学院自动化研究所提供，梁慧、徐冬执笔。"体验语音识别和智能聊天""体验自然语言理解"两个案例由中国科学院自动化研究所提供，张小景执笔。

（二）学情分析

学习者为小学 5~6 年级的学生，他们对人工智能课程充满了好奇，对图形化编程的相关知识已有了解。

（三）教学目标

表 4-1-1　"闪烁的小灯"教学目标

学习内容		教学目标
闪烁的小灯	信息意识	学生在理解点亮 LED 灯的原理的基础上，连接硬件，借助图形化编程，用时间模块控制灯亮和灯灭的时间，点亮自己的 LED 灯。
	计算思维	1. 在教师的指导下，体验使用图形化编程软件解决问题的过程。 2. 对于给定的任务，能将其分解为一系列的实施步骤，使用顺序、分支、循环三种基本控制结构简单描述实施过程，通过图形化编程点亮自己的 LED 灯。
	数字化学习与创新	1. 在教师的指导下，学生尝试使用米思齐开展学习活动，设计用时间模块控制灯亮和灯灭的时间的方案，并实现点亮 LED 灯，激发学生对人工智能的好奇心，产生对人工智能的求知欲。 2. 在反思与交流过程中，对作品进行完善。
	信息社会责任	经历点亮 LED 灯的过程，体会人工智能技术给生活带来的便利，形成利用信息科技合作的意识，不断增强信息社会责任。

（四）教学重点与难点

教学重点：

1. 本课涉及的硬件的连接。

2. 数字输出模块和延时模块功能。

3. 选用合适的图形化编程模块，并能够正确使用。

4. 通过视觉感官接收信号信息。

教学难点：

本课的教学难点是数字输出模块和延时模块功能，选用合适的图形化编程模块，并能够正确使用。

（五）教学策略与方法

1. 以学习内容为实践目标，让学生查阅资料。

2. 利用讲授法和演示法，通过讲解、演示，使学生理解电路控制电器的工作原理。

3. 教师通过演示和组织实践，让学生动手实践。

（六）教学软硬件选择

本课选择的教学软硬件包括 PPT 课件、Arduino 开发套件（包括开发板和杜邦线等）和米思齐图形化编程软件。

（七）教学过程

本节课的教学过程包括以下 8 个方面。

1. 趣味导入

（1）电灯的工作原理（白炽灯）

电灯是将电能转化为光能的照明设备。电流通过灯丝（多数为钨丝，熔点达 3000 ℃以上）时产生热量，螺旋状的灯丝不断将热量聚集，使灯丝的温度达到 2000 ℃以上，灯丝在处于白炽状态时，就像烧红了的铁能发光一样而发出光来，故称之为白炽灯。灯丝的温度越高，发出的光就越亮。

（2）可商用电灯

1879 年，一位美国发明家通过长期的反复试验，终于点燃了世界上第一盏有实用价值的电灯。后来，爱迪生把炭化后的竹丝装进了玻璃泡，通上电后，这种竹丝灯泡连续不断地亮了 1200 个小时，从此，电灯走进了千家万户。

经过漫长的照明灯具发展过程（如图 4-1-1 所示），当前主要的照明灯具是 LED 灯（其结构如图 4-1-2 所示），比如家庭照明和汽车照明使用的灯具就是 LED 灯。LED 的全称是 Light Emitting Diode，即发光二极管，是一种半导体固体发光器件，它利用固体半导体芯片作为发光材料，当两端加上正向电压时，半导体中的载流子发生复合引起光子发射而产生光。

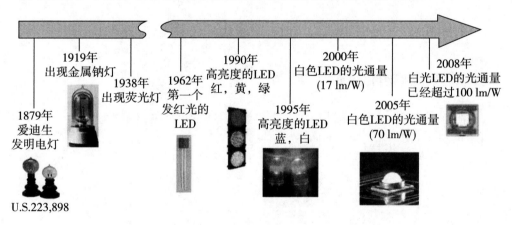

图 4-1-1　照明灯具发展史

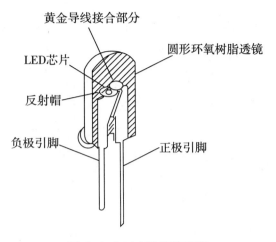

图 4-1-2 LED 灯的结构

【设计意图】

通过介绍电灯的原理，引入发明电灯的小故事，引出这节课的主题：点亮 LED 灯。

2. 新课新知

（1）开关与〇 / | 的关系

大部分的电器、灯具和插座上的电源开关上会出现"|"和"〇"两个符号（如图 4-1-3 所示），同学们知道这两个符号是什么意思吗？

图 4-1-3　开关按钮

很多人认为"〇"是通电，"|"是断电，因为英语里"开"是"OPEN"，

很多开关用ON/OFF代表开/关。其实，"|"和"○"这两个符号来自英文的"I"和"O"两个字母，是Input和Output的缩写，翻译过来就是输入和输出。所以，"|"是通电，"○"是断电。

实际上，由于国际通用的二进制代码中的"1"代表"开启"，"0"代表"关闭"，才有了开关上的"|"和"○"。国际电工委员会（International Electrotechnical Commission，IEC）在1973年编制的技术规范中正式提议，将"|"和"○"作为一个电源开闭循环的标识。我国的相关国家标准也明确了圆圈"○"代表电路断开（就是"关灯"），直条"|"代表电路闭合（就是"开灯"）。

哪位同学能在黑板上绘制一个简单的控制灯亮灭的原理图？

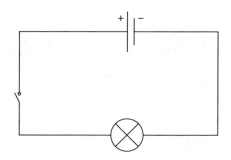

图4-1-4　电气连线原理图

教师讲解简单的电气连线原理图，例如在图4-1-4中，教师可以介绍灯的图形符号、电源的图形符号、电池/电源的图形符号的相关知识。

（2）电阻选择

Arduino开发套件中，开发板的数字管脚输出电压为5 V，直接连接LED灯会将LED灯烧坏（LED灯的标准电压是3 V），所以我们需要串联一个电阻用于分压。［参考LED：3 V　20 mA，（5 V-3 V）/0.02 A=100 Ω，因为通常不要让LED工作在极限状态，所以建议电阻取值为200~300 Ω］

（3）数字输出功能说明

数字输出就是数字信号的输出，它向输出的电路传送数字信号——0和1。

0 意味着输出低电平，电路断开；1 则是指输出高电平，开关闭合，电路接通（如图 4-1-5 所示）。

图 4-1-5　数字输出功能图形化编程示意图

（4）延时功能说明

延时就是按设定的时间值让程序执行等待操作（如图 4-1-6 所示）。

图 4-1-6　延时功能图形化编程示意图

（5）什么是 SOS？

SOS 是国际莫尔斯电码求救信号，并非任何单词的缩写。20 世纪初，鉴于当时海难事件频繁发生，遇难者不能及时发出求救信号，施救者往往不能以最快的速度施救，结果造成很大的人员伤亡和财产损失，国际无线电报公约组织于 1908 年正式将 SOS 确定为国际通用海难求救信号。这三个字母组合的电码"…———…"在电报中是发报方最容易发出，接报方最容易辨识的电码。

【设计意图】

通过讲解，让学生初步理解开关的符号表示、数字输出功能、延时功能等理论知识。

3. 实操展示

（1）硬件连接

硬件连接的顺序是：

①主控板的数字输出端口 2 连接 LED 灯正极引脚（即长管脚）。

②LED 灯负极引脚（即短管脚）连接电阻，电阻再连接主控板的 GND 端口。

注意：LED 灯有两个管脚，长管脚接电源正极，短管脚接电源负极。本实验的硬件连接如图 4-1-7 所示。

图 4-1-7 线缆连接图

（2）点亮 LED 灯实验的程序设计

图 4-1-8 点亮 LED 灯实验图形化编程示意图

该实验的图形化编程程序实例如图 4-1-8 所示，将 2 号管脚的数字输出设为高，与其连接的 LED 灯便会被点亮。经过 1 s 的延时（延时过程中，硬件保持延时开始时的状态，直到设定的时间结束），数字输出变为低，灯就会关闭，之后保持关闭状态 1 s。

LED 灯在关闭 1 s 后又重新亮了起来，1 s 后又关闭……按如此顺序重复执行下去。

（3）发送 SOS 信号实验的程序设计

　　SOS 信号发射方法为：短光—长光—短光。

　　模拟程序要求：三短三长三短闪烁，暂停时间都是 100 ms，长亮时间间隔为 500 ms，短亮时间间隔为 200 ms。

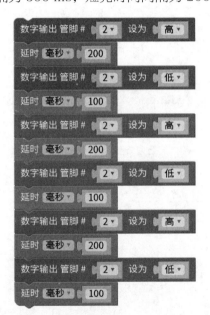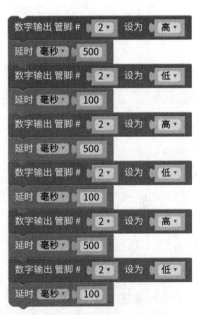

图 4-1-9　点亮 LED 灯实验三短亮和三长亮图形化编程示意图

　　三短亮的程序如图 4-1-9 中的左图所示，输出端口是主控板的 2 号管脚；右图为三长亮的程序，输出端口依然为主控板的 2 号管脚。

　　将三短亮、三长亮和三短亮的程序连接在一起，再增加一个 1000 毫秒的延时作为间隔，整个程序将执行三短三长三短的 SOS 信号发送。

【设计意图】

通过演示，向学生呈现硬件连接、点亮 LED 灯实验和 SOS 信号发送实验的图形化编程过程。

4. 动手体验

探究实验：学生自己操作，完成点亮 LED 灯、发送 SOS 信号的功能。教师观察学生的进展情况，有问题及时为学生解答。

小提示

如果 LED 未能按设定要求点亮，请按如下顺序进行检查：

1. 首先检查主控板上的接线位置和杜邦线连接状态；

2. 检查 LED 灯正负极连接方向是否正确；

3. 检查与控制板连接的数字输出端口是否与程序中设定的端口一致；

4. 检查程序上传是否成功；

5. 检查 LED 灯负极是否正确连接到 Arduino 控制板的 GND。

【设计意图】

通过让学生自己创作作品，体验图形化编程，激发他们对人工智能技术的兴趣。

5. 作品展示

① 选出几名代表，展示作品。

② 教师选出有代表性的作品，并对作品进行点评。

【设计意图】

学生自己动手，体验点亮 LED 灯、发送 SOS 信号，并展示自己的成果。

6. 知识迁移

① 小组讨论：发掘生活中其他的照明灯应用，进一步加强认知。例如：城市路灯、小夜灯、电源信号灯等。思考是否有更简洁的方式发送 SOS 信号。

② 每个小组选出代表发言，与大家分享自己组的讨论结果。

③ 教师选择有代表性的问题进行解答并点评，给优秀小组奖励。

【设计意图】

从课堂走向生活，引导学生畅想生活中其他的照明灯应用，激发学生进一步学习人工智能的兴趣。

7. 课堂总结

通过本节课，同学们已经了解了电灯的原理，掌握了硬件的连接方法，学会了使用时间模块控制灯亮和灯灭的时间，最终点亮了自己的 LED 灯。

【设计意图】

梳理本节课的学习内容，强化学生对电灯原理的理解，提升学生对光电物化操作和图形化编程的兴趣。

8. 教学反思与改进

"闪烁的小灯"案例从视觉观感切入教学，可以培养学生对电路工作原理的认知和动手能力。

二、教学设计案例 2：控制蜂鸣器发声

本课的主要教学内容是让学生理解蜂鸣器的原理，能够用米思齐完成图形化编程，控制蜂鸣器发声。

在教学初始阶段，教师从声音的产生入手，引入本节课，调动学生学习的积极性；教师通过讲解音符和蜂鸣器、硬件连接，演示音阶播放实验、门铃实验和模拟警笛实验，使学生对本节课的内容有一个初步的认识；学生分组讨论

和修改模拟警笛程序中的循环步长和延时时间，感受不同的音效，经历图形化编程的设计过程，从而对人工智能课程产生兴趣。通过本节课的学习，学生了解声音的简单科学知识及声音的控制流程。

案例详情请扫描下方二维码。

教学设计案例2：控制蜂鸣器发声

三、教学设计案例3：液晶屏显示倒车雷达距离

（一）教学内容分析

本课的主要教学内容是液晶显示器的工作原理及工作流程，借助图形化编程，用液晶显示器模块和条件模块组合实现对倒车雷达的控制。

在教学初始阶段，教师通过介绍液晶显示屏幕引入本节课，调动学生学习的积极性；教师讲解什么是 LCD1602、I2C 通信，演示 LCD1602 液晶显示实验和倒车雷达实验，为学生呈现本节课的主要内容；学生通过分组讨论，完成实验的硬件连接、液晶屏字符显示实验和倒车雷达（带距离显示）实验，经历图形化编程的设计过程，从而对人工智能课程产生兴趣；通过本节课的学习，学生理解液晶显示器的工作原理及工作流程。

（二） 学情分析

学习者为小学 5~6 年级的学生，学生在信息科技课中已经学习过图形化编程的相关知识，为本节课的学习奠定了基础。本课通过图形化编程的方法实现对倒车雷达的控制，进一步加强小学生对程序设计中条件判断模块的认知，为以后的学习奠定基础。

（三） 教学目标

表 4-3-1 "液晶屏显示倒车雷达距离"教学目标

学习内容		教学目标
液晶屏显示倒车雷达距离	信息意识	学生在理解液晶显示器的工作原理及工作流程的基础之上，掌握 LCD1602 显示模块的使用方法。借助图形化编程，利用小组合作的方式，连接硬件，学会用液晶显示器模块和条件模块组合，实现对倒车雷达的控制。
	计算思维	1. 在教师的指导下，体验使用米思齐实现对倒车雷达控制的过程。 2. 对于给定的控制倒车雷达的任务，学生能将其分解为可处理的子问题，分步骤实现对倒车雷达的控制。
	数字化学习与创新	在教师的指导下，尝试使用米思齐开展学习活动，设计并编写液晶显示屏模块和条件判断模块，控制倒车雷达，并对编程作品进行完善。
	信息社会责任	经历使用图形化编程工具开展自主学习和合作学习，并完成液晶屏显示倒车雷达距离实验的过程，认识到人工智能技术对解决生活中的问题的重要性。

（四）教学重点与难点

教学重点：

1.LCD1602 显示模块的连接和使用方法。

2.液晶显示屏模块的使用和 if 条件判断结构的使用。

3.选用合适的模块，并正确使用该模块。

教学难点：

这节课的教学难点是 if 条件判断结构的使用。

（五）教学策略与方法

1.以实践内容为学习目标，将 2~4 名学生分成一组，组员之间分工合作和沟通，查阅资料。

2.利用讲授法和演示法，教师通过讲解、演示，使学生理解液晶显示器的工作原理。

3.教师通过演示和组织小组实践，让学生动手实践；通过液晶显示器的工作原理介绍和操作教学，使同学们了解液晶显示器的工作原理及工作流程。

（六） 教学软硬件选择

这节课的教学软硬件选择包括 PPT 课件、Arduino 开发套件、图形化编程软件。

（七） 教学过程

这节课的教学过程包括以下 8 个方面。

1. 趣味导入

● 液晶显示屏幕

显示信息最简单和最便宜的方式是使用 LCD（Liquid Crystal Display），即液晶显示屏。这种液晶显示屏可轻易在生活中常见的电子设备中找到，例如自动售货机、计算器、停车计时器、打印机等。如图 4-3-1 所示为 LCD1602 正面和背面的实物图。

图 4-3-1　LCD1602 正面和背面的实物图

液晶是一种材料，这种材料具有一种特点：液晶分子可以在电信号的驱动下进行旋转，旋转时会影响该材料的透光性，因此我们可以利用背光的方式，即在整个液晶面板后面用白光照，通过不同电信号让液晶分子进行选择性透光，此时在液晶面板前面看到的就是各种各样的颜色，这就是 LCD 液晶显示。

LCD 由两块玻璃板构成，厚约 1 mm，其间由包含有液晶材料的 5 μm 的均匀间隔隔开。因为液晶材料本身并不发光，所以在显示屏两边都设有作为光源的灯管，而在液晶显示屏背面有一块背光板（或称匀光板）和反光膜，背光板是由荧光物质组成的可以发射光线，其作用主要是提供均匀的背景光源。

【设计意图】

通过介绍常见的液晶显示，引出这节课的主题：液晶屏。

2. 新课新知

（1）LCD1602

LCD1602 是一种工业字符型液晶，能够同时显示 16×02 即 32 个字符。LCD1602 液晶显示的原理是利用液晶的物理特性，通过电压对其显示区域进行控制，即可显示出图形。其管脚（如图 4-3-2 所示）说明如下。

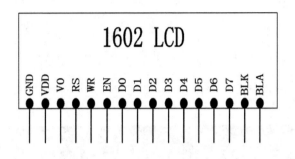

图 4-3-2　LCD1602 管脚说明

GND：接地管脚。在某些模块上，它标记为 VSS。

5 VDC：5 V 电源管脚。在某些模块上，它标记为 VDD。

Bright：亮度控制电压的输入管脚，在 0~5 V 之间变化以控制显示亮度。在某些模块上，此管脚标记为 V0。

RS：寄存器选择管脚。它控制输入数据是显示在 LCD 上还是用作控制字符。

WR：将 LCD 置于读或写模式的管脚。在大多数情况下，使用读取模式，因此该管脚可以永久接地。

EN：启用管脚。高电平时，它读取应用于数据管脚的数据；低电平时，执行命令或显示数据。

D0：数据输入 0；D1：数据输入 1；D2：数据输入 2；D3：数据输入 3；D4：数据输入 4；D5：数据输入 5；D6：数据输入 6；D7：数据输入 7。

BLK：与背光 LCD 的阴极（接地或负电压）连接的管脚。

BLA：与背光 LED 的阳极（正电压）连接的管脚。

（2）I2C 通讯

LCD1602 支持 I2C 的驱动方式，通过两线制的 I2C 总线（串行时钟线 SCL，串行数据线 SDA），可使 Arduino 实现控制 LCD1602 显示。

串行通信是将数据字节分成一位一位的形式在一条传输线上逐个地传送。此时只需要一条数据线，外加一条公共信号地线和若干控制信号线。因为一次只能传送一位，所以对于一个字节的数据，至少要分 8 位才能传送完毕。

特点：传输线少，长距离传送时成本低，但数据的传送控制比并行通信复杂。

第三方的 I2C 协议 LCD 液晶屏地址默认为 0×27，可以通过短接屏幕背面接口板上的 A0、A1、A2 接口调整 I2C 地址。

（3）液晶屏寻址方式

液晶屏通电后，如果总是显示一个个的方块，如图 4-3-3 所示，一般是因为设备地址错误。

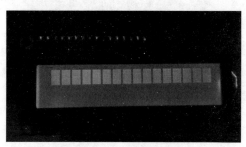

图 4-3-3　液晶屏显示图

此时，可使用一个寻找设备地址的代码进行测试，通过串口监视器，就能找到液晶屏在 I2C 上的设备地址。

【设计意图】

通过教师的讲解，学生快速了解 LCD1602、I2C 通讯和液晶屏寻址方式的相关知识。

3. 实操展示

（1）LCD1602 液晶显示实验的硬件连接

以 UNO 板卡（第一代 Arduino 开发板）为例，I2C 转接板上的 VCC 接 Arduino 控制板的 5V，GND 接 GND，SCL 接 SCL（即 A05），SDA 接 SDA（即 A04），如图 4-3-4 所示。

图 4-3-4　硬件连接图

（2）液晶屏字符显示实验的程序设计逻辑

利用液晶屏显示 "Hello World" 字符串信息（如图 4-3-5 所示），程序设计如下。

图 4-3-5　液晶屏字符显示实验图形化编程

（3）倒车雷达（带距离显示）实验的程序设计

分三个距离区间进行响应程序设计（如图 4-3-6 所示）。在用超声波传感器进行距离测试的同时增加 LCD 模块显示距离数据。

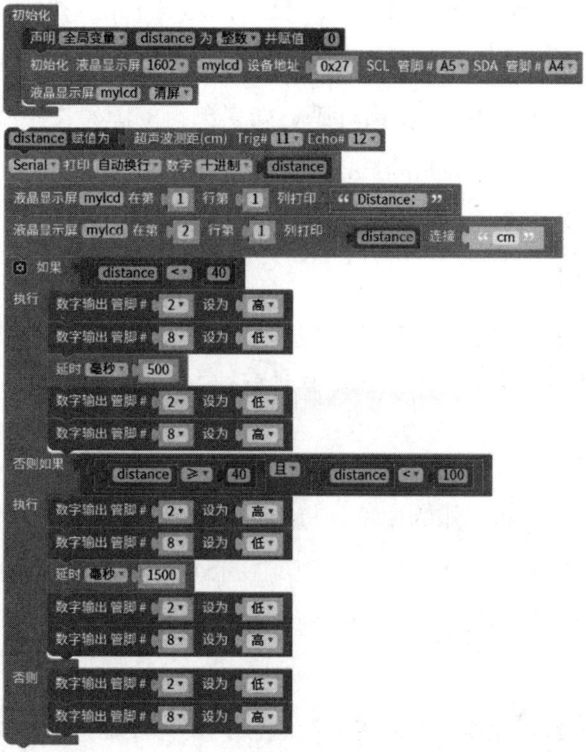

图 4-3-6　倒车雷达（带距离显示）实验图形化编程

如图 4-3-6 所示的"执行"中关于管脚 8 的高低电平设置与案例 2 "控制蜂鸣器发声"中蜂鸣器启动停止的设置方式一致，管脚 2 的高低电平设置与案例 1 "闪烁的小灯"中 LED 灯的设置方式一致。

有关倒车雷达程序设置（每个判断的参数设置）的说明：

第一步，初始化 LCD1602 液晶显示屏变量，设定距离 distance 变量并初始化为 0。

第二步，通过超声波传感器读取测定距离，并将该距离值赋值给 distance 变量。

第三步，通过串口打印回显查看 distance 变量是否正常，同时将该 distance 变量值显示在液晶屏上。

第四步，使用 if-else 语句进行条件判断，当测得的障碍物距离大于或等于 100 cm 时，信号灯和雷达都不产生反应，无程序指令执行；如果测得的障碍物距离大于或等于 40 cm 且小于 100 cm，信号灯按 1500 ms 的间隔闪烁，蜂鸣器也按 1500 ms 的间隔发出蜂鸣；如果测得的障碍物距离小于 40 cm，信号灯按 500 ms 的间隔高频闪烁，蜂鸣器也按 500 ms 的间隔发出高频蜂鸣，警示驾驶员及附近人员注意汽车与障碍物的安全距离。

【设计意图】

教师通过演示，向学生呈现实验的硬件连接、液晶屏字符显示实验和倒车雷达（带距离显示）实验的图形化编程过程。

4.动手体验

小组探究：以班级小组为单位，每组 2~4 人为宜，完成实验的硬件连接、液晶屏字符显示实验和倒车雷达（带距离显示）实验的图形化编程。教师到小组当中，观察学生的进展情况，及时解答问题。

【设计意图】

让学生自己创作作品，体验图形化编程，获得成就感，从而激发他们对人工智能技术的兴趣。

5.作品展示

① 每个小组选出两名代表，展示本组的探究结果。
② 教师选出有代表性的作品，并对作品进行点评。

【设计意图】

让学生自己动手，完成液晶屏字符显示实验和倒车雷达（带距离显示）实验的图形化编程，并展示自己组的成果，收获成就感。

6. 知识迁移

① 小组讨论：Arduino UNO 和 LCD1602 显示器在我们生活中还有哪些应用？

② 每个小组选出代表发言，与大家分享自己组的探索成果。

③ 教师选择有代表性的问题进行解答和点评，并给优秀小组奖励。

【设计意图】

从课堂走向生活，通过引导学生探索 Arduino UNO 和 LCD1602 显示器在生活中的其他应用，激发学生进一步学习人工智能的兴趣。

7. 课堂总结

通过本节课的学习，同学们已经了解了液晶显示器的工作原理，初步掌握了液晶显示屏模块的使用和条件判断模块的程序设计，并成功利用液晶显示器模块和条件模块组合实现了倒车雷达的控制。

【设计意图】

梳理本节课的学习内容，强化学生对液晶显示器工作原理的理解，巩固条件判断模块的程序设计，提升学生对图形化编程的兴趣。

8. 教学反思与改进

"液晶显示倒车雷达距离"案例，从人机交互的角度切入教学，使学生了解人机交互的重要手段——"显示屏"的工作原理，培养学生对典型电子元器件的使用能力。结合生活中能够接触到的实例，利用图形化编程工具，引导学生应用所学的知识，培养他们自行设计并完成作品的能力。

本教学案例可以根据学生的学习能力与学习基础，结合上两节课涉及的电子元器件和图形化编程案例，将"液晶显示倒车雷达距离"案例中的距离数值与"蜂鸣器"播报频率相结合，呈现更为真实的"倒车雷达距离"案例。

四、教学设计案例 4：体验语音识别和智能聊天

（一） 教学内容分析

本课的主要内容是人工智能技术中语音识别和智能聊天的实现原理，旨在引导学生加深对人工智能作用的理解，并且为后续学习人工智能技术的原理做铺垫。

在教学内容选择上，通过播放相关视频来调动学生学习的积极性；教师通过演示图形化编程，以及组织同学们分组讨论和体验，让学生直观感受到编程的乐趣，降低学生的学习难度；通过剖析简单的人工智能应用背后的原理，加深学生对人工智能的认识。

（二） 学情分析

学习者为小学 5~6 年级的学生，在学习本课程之前，学生对人工智能已经有了概念上的理解，但对人工智能技术还停留在浅层认识层面，对人工智能实现的原理所知甚少，应用人工智能技术解决生活中的问题的能力有待提升。学生在人工智能方面已有的知识经验和技能基础需要提升，同时仍需提高分析问题和解决问题的能力。

（三）　教学目标

表4-4-1　"体验语音识别和智能聊天"教学目标

学习内容	教学目标	
体验语音识别和智能聊天	信息意识	学生对语音识别和智能聊天技术有了一定的了解，对聊天机器人的工作原理有了一定的理解，在此基础之上，让学生在腾讯扣叮人工智能实验室中，用图形化编程实现语音识别和智能聊天。
	计算思维	1. 在教师的指导下，在腾讯扣叮人工智能实验室中使用图形化编程，体验语音识别和智能聊天扩展功能。 2. 对于本次学习活动，学生能将其分解为可处理的子问题，实现语音识别和智能聊天。
	数字化学习与创新	在教师的指导下，学生尝试使用图形化编程开展学习活动，设计并编写程序，实现语音识别和智能聊天的功能，并对作品进行完善。
	信息社会责任	经历使用图形化编程工具开展自主学习和合作学习，并体验语音识别和智能聊天扩展功能的过程，认识到人工智能技术给生活带来的便利。

（四）教学重点与难点

教学重点：语音聊天机器人的基本工作原理。

教学难点：简易智能语音聊天机器人的图形化编程。

（五）　教学策略与方法

这节课的教学策略与方法包括：

1.利用任务驱动法和小组讨论法，学生通过观看相关视频和小组讨论，了解语音识别和智能聊天在生活中的应用。

2.通过小组讨论，激发学生探究智能语音聊天机器人工作原理的兴趣。

3.利用讲授法和演示法，教师通过讲解，让学生理解智能语音聊天机器人的组成结构和工作原理。

4.教师通过演示和组织小组探究，让学生动手实现简易智能语音聊天机器人，提高学生的编程热情。

（六）　教学软硬件选择

这节课的教学软硬件包括 PPT 课件、语音识别和智能聊天技术在生活中的应用视频、腾讯扣叮人工智能实验室。

（七）　教学过程

这节课的教学过程包括以下 8 个方面。

1.趣味导入

（1）教师播放语音识别和智能聊天技术在生活中的相关应用视频，让学生观看。

提问：视频中主要介绍了哪些技术呢？

（2）学生以小组为单位进行讨论，每组选出两名代表展示自己组内的讨论结果。

（3）教师选择有代表性的问题进行解答、点评并板书：语音识别和智能聊天。

提问：现实生活中还有哪些语音识别和智能聊天技术的应用场景？

趣味导入，培养学生从生活中学习的习惯。

教师通过让学生观看视频并提问，引导学生从现实生活的各种应用中，归纳出"语音识别"和"智能聊天"技术的概念。进一步通过提问语音识别和智能聊天技术的其他应用场景，激发学生深入学习的兴趣。

2. 新课新知

（1）同学们，你们是怎样听到老师说话的？如图4-4-1所示为人耳听到声音的过程。

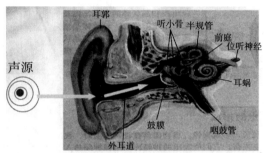

图4-4-1　人耳听到声音的过程

学生通过分析听到老师讲课声音的过程，讨论分析人耳听声音的原理。

既然人工智能是对人类大脑机理的模拟，其工作原理应该是模仿人类大脑的，通过分析人耳听到声音的原理，用类比的方法，引出语音聊天机器人的工作原理。

（2）教师讲解：语音聊天机器人的组成结构和工作原理示意图（如图4-4-2所示）。

（a）

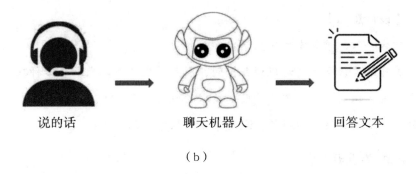

说的话　　　　　　　聊天机器人　　　　　　回答文本

（b）

图 4-4-2　语音聊天机器人组成结构和工作原理示意图

【设计意图】

教师引导学生使用程序思维理解语音识别的输入和输出，以及聊天机器人的循环工作原理，使学生初步理解人工智能中的语音识别和智能聊天技术，并培养学生的计算思维能力。

3. 实操展示

（1）介绍腾讯扣叮人工智能实验室中语音识别和智能聊天的扩展功能，实现"简易聊天机器人"的功能（如图 4-4-3 所示）。

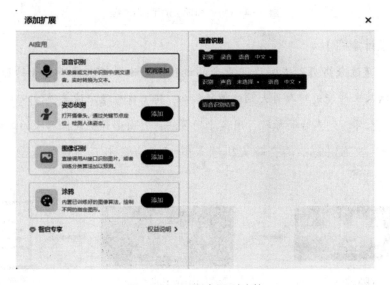

图 4-4-3　语音识别功能

【设计意图】

本活动旨在突出教学重点，教师通过演示，向学生介绍腾讯扣叮人工智能实验室中语音识别和智能聊天的扩展功能。

（2）教师展示语音识别的功能模块（如图 4-4-4 所示），并对学生的探究结果进行点评。

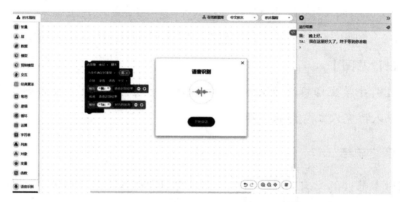

图 4-4-4　教师展示的语音识别功能模块

【设计意图】

总结并点评学生的探究结果，分享教师实现的简易智能语音聊天机器人。

4. 动手体验

小组探究：以班级小组为单位，每组 3~5 人为宜，各组在自己的计算机上实现"简易聊天机器人"的功能。

【设计意图】

通过让学生自己创作作品，来激发他们的想象力，锻炼他们的图形化编程能力，从而使学生更好地体验语音识别和智能聊天功能。

5. 作品展示

每个小组选出两名代表，展示自己组的探究结果。

【设计意图】

通过让学生之间互评和教师对学生作品的点评，帮助学生更好地理解语音聊天机器人的工作原理并不断完善自己的作品。

6. 知识迁移

（1）小组讨论：未来语音识别和智能聊天技术可能会在哪些方面帮助人们？

（2）每个小组选出代表发言，与大家分享自己组的讨论结果。

（3）教师选择有代表性的问题进行解答和点评，给优秀小组奖励。

【设计意图】

通过引导学生畅想语音识别和智能聊天技术的未来应用，激发学生进一步学习和深入探究人工智能的兴趣。

7. 课堂总结

通过本节课的学习，同学们了解了语音识别和智能聊天技术，初步理解了智能语音聊天机器人的工作原理，并且大部分同学成功地实现了简易的智能语音聊天机器人。

【设计意图】

梳理本节课的知识点，强化学生对语音识别和智能聊天技术的理解，提高学生的计算思维能力。

8. 教学反思与改进

本课采用体验探究式教学方式，学生通过思考人耳听声音的过程，探究语音识别的过程，从而理解语音识别和机器翻译的原理。在体验环节中，通过让学生体验实现语音聊天机器人的过程，将抽象的语音识别和机器翻译学习的过程可视化，从而加深学生对其原理的认识。

由于不同的学生对语音识别和机器翻译关注度不同，在导入和成果展示的时候，教学实际情况可能会与教师的设想有差异。这就需要教师要有很好的课堂应变能力，这也是教师在今后教学实践中需要不断学习和提高的方面。

五、教学设计案例 5：体验自然语言理解

（一）教学内容分析

本课主要内容是人工智能技术中自然语言理解的实现原理，旨在引导学生深化对自然语言处理的基本工作原理的理解。

本课在教学方法上，教师通过问答形式来调动学生学习的积极性；通过教师演示的方式，以及同学们分组讨论和体验的方式，降低学生的学习难度，学生直观感受到学习自然语言理解的乐趣；通过剖析简单的人工智能应用背后的原理，加深学生对人工智能的认识。

（二）学情分析

学习者为小学 5~6 年级的学生，在学习本课程之前，学生对人工智能已经有了概念上的理解，但对人工智能技术仍停留在浅层认识层面，对人工智能的原理所知甚少，更不会应用人工智能技术解决生活中的问题。基于上述分析，学生在人工智能方面已有的知识经验和技能基础需要得到新的提升，在分析问题和解决问题的能力上仍需提高。

（三） 教学目标

表 4-5-1 "体验自然语言理解" 教学目标

学习内容		教学目标
体验自然语言理解	信息意识	学生在理解机器翻译、机器对话和机器写作的基本工作原理的基础之上，在智能手机中体验小艺和小爱同学的机器对话，在诗三百人工智能诗歌写作平台中，体验机器写作。
	计算思维	对于本次学习活动，学生能将各个学习任务分解为可处理的子问题，实现机器翻译、机器对话和机器写作。
	数字化学习与创新	在教师的指导下，学生尝试在智能手机和诗三百人工智能诗歌写作平台中开展学习活动，实现机器翻译、机器对话和机器写作，并对作品进行完善。
	信息社会责任	经历使用智能手机和诗三百人工智能诗歌写作平台开展自主学习和合作学习，并体验机器翻译、机器对话和机器写作功能的过程，了解其在生活中的实际应用价值，认识到自然语言处理技术给生活带来的便利。

（四） 教学重点与难点

教学重点：实践体验机器翻译、机器对话和机器写作。

教学难点：自然语言处理的基本工作原理。

（五） 教学策略与方法

1.利用任务驱动法和小组讨论法，学生通过观看视频和小组讨论，了解自然语言处理在生活中的应用。

2.利用讲授法和演示法，教师通过讲解，让学生理解自然语言处理的组成结构和工作原理。

3.教师通过演示和组织小组探究，让学生动手实践体验机器翻译、机器对话、机器写作。

（六） 教学软硬件选择

这节课的教学软硬件选择包括 PPT 课件、微信、小艺、小爱同学、诗三百人工智能诗歌写作平台。

（七） 教学过程

通过三个具体案例，讲解计算机理解文本的原理，引入"自然语言处理"和"自然语言理解"的概念。这节课的教学过程包括以下 8 个方面。

1. 趣味导入

（1）板书：一个英语句子，例如"I am a student"。

提问：哪位同学能够把这句话翻译成汉语？哪位同学能够将其翻译成俄语或者其他语言？计算机能够自动完成语言翻译吗？

（2）展示：一个红苹果。

教师：我手里拿的是什么？学生：苹果。

教师：它是什么颜色的？学生：红色的。

教师：什么形状？学生：球形的。

教师：能吃吗？学生：能。

提问：计算机能够像人一样对答如流吗？

（3）板书：一个对联的上联。

提问：哪位同学能够对出下联？计算机能够像人一样写诗和对对联吗？

【设计意图】

通过情景对话，引导学生从现实生活的各种应用中，归纳出自然语言处理技术的概念。进一步通过提问自然语言处理在现实生活中的其他应用场景，激发学生深入学习的兴趣。

2. 新课新知

（1）讲解机器翻译的工作原理

翻译的要求：信、达、雅。

机器翻译是利用计算机将一种自然语言转换为另一种自然语言的过程。

机器翻译的工作原理：输入一个句子，经过人工智能算法，将句子表示成语法树，将语法树变换成目标语言的语法结构，同时将语法树中的词汇替换为目标语言词汇，根据目标语言的语法树形成目标语言句子（如图4-5-1所示）。

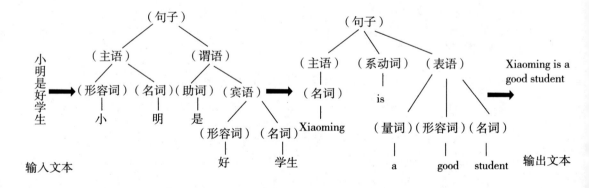

图 4-5-1　机器翻译的一个示例

【设计意图】

教师通过讲解，让学生理解机器翻译的工作原理，为后续学生对微信的机器翻译体验打下基础。

（2）讲解机器对话的工作原理

人工智能中对机器对话技术的要求：理解文本、关联上下文（理解代词）、理解复杂逻辑关系。

机器对话的工作原理：一个完整的机器对话系统如图 4-5-2 所示，是由语言理解、状态跟踪、策略学习、对话生成等模块组成的。

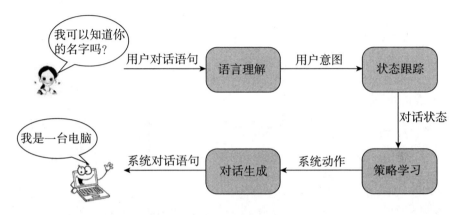

图 4-5-2　机器对话系统

【设计意图】

教师通过讲解，让学生理解机器对话的工作原理，为学生后续体验小艺和小爱同学的机器对话功能打下基础。

（3）讲解机器写作的工作原理

什么是机器写作？根据输入的主题句，机器能按格式生成文本，比如写作文、写诗、对对联等。

工作原理：依次将输入文本的每个字符输入编码器，经过编码器处理后，形成一个固定长度的内部表示方式，之后经过解码器依次解码出一个个字符，最终形成输出文本（如图 4-5-3 所示）。

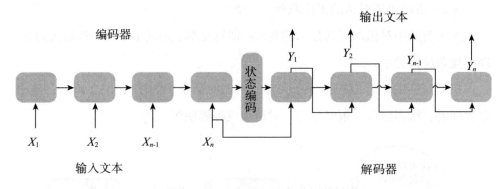

图 4-5-3　机器写作的工作原理

【设计意图】

　　教师通过讲解，让学生理解机器写作的工作原理，以便于学生体验机器写作功能。

3.实操展示

　　（1）体验微信的机器翻译。

　　教师展示微信的机器翻译功能，如图 4-5-4 所示。

图 4-5-4　微信的机器翻译示例

　　提问：微信为什么要推出机器翻译功能呢?

【设计意图】

通过演示微信的机器翻译这一功能，引导学生感受微信的机器翻译给我们带来的便利。

（2）体验小艺和小爱同学的机器对话

小艺是华为的语音助手，它可以搜索图片、扫码、识物、语音翻译、语音导航等，还可以接打电话、播报天气、播报停车位置等。

在当今的人工智能时代，各个手机品牌厂商都开始研发智能语音助手，2018 年华为就推出了全新的小艺语音助手，并将其应用在了华为 Mate 系列手机上。在对话方面，小艺实现了连续对话、插嘴打断功能——小艺在回答完问题之后，用户可以继续提问或者发出指令，无须再次唤醒；在小艺回答或者播报的过程中，用户可以打断小艺的播报，让小艺直接响应下一个问题或者取消语音播报。

小爱同学是小米的智能语音助手，我们可以用它定闹钟、做备忘录、发信息、查询天气等，它还提供夏日饮食指南，可以播报百科小知识。天气热，心情烦躁的时候，可以让小爱同学播放一首能够舒缓心情的歌曲。

教师展示小艺和小爱同学的机器对话功能，如图 4-5-5 所示。

图 4-5-5　小艺和小爱同学的机器对话示例

提问：同学们，观看完刚才老师展示的小艺和小爱同学的机器对话功能，你有什么感想呢？它们会给你的生活带来哪些帮助？

【设计意图】

教师通过演示小艺和小爱同学的机器对话这一案例，引导学生体验手机上的机器对话功能。

（3）体验诗三百人工智能写作平台的机器写作功能

教师展示自己的作品，如图4-5-6所示。

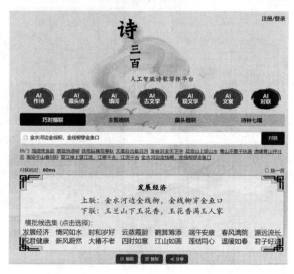

图4-5-6　诗三百平台的机器写作示例

提问：机器写作会给你的生活带来哪些影响？

【设计意图】

通过在诗三百人工智能写作平台上展示机器写作功能，激发学生对机器写作的兴趣。

4.动手体验

小组探究：

以小组为单位，每组 3~5 人为宜，在手机上体验微信的机器翻译功能；

以小组为单位，每组 3~5 人为宜，在手机上体验小艺和小爱同学的机器对话功能；

以小组为单位，每组 3~5 人为宜，在诗三百人工智能写作平台体验机器写作功能。

【设计意图】

让学生自己动手，体验机器翻译、机器对话和机器写作，并理解它们的工作原理，培养学生的计算思维能力。

通过让学生自己创作作品，激发他们的想象力，锻炼他们的图形化编程能力，从而让学生更好地体验机器翻译、机器对话和机器写作的功能。

5.作品展示

（1）每个小组选出两名代表，展示自己组的机器翻译、机器对话、机器写作的体验成果。

（2）教师选出有代表性的作品，并进行点评。

【设计意图】

通过学生之间互评和教师对学生作品的点评，帮助学生更好地理解本课的知识并不断完善自己的作品。

6.知识迁移

（1）小组讨论：机器翻译、机器对话、机器写作分别在生活、学习、工作中还有哪些应用呢？

（2）每个小组选出代表发言，与大家分享自己组的讨论结果。

（3）教师选择有代表性的问题进行解答和点评，给优秀小组奖励。

【设计意图】

通过引导学生畅想自然语言处理的未来应用，激发学生进一步学习人工智能的兴趣。

7. 课堂总结

教师提问：同学们，通过本节课的学习，你们掌握了哪些知识呢？人工智能语音助手在任务理解方面的优势和不足有哪些呢？

学生活动：学生回忆本节课学习的内容，积极回答老师的问题。

教师总结：在本节课的学习中，同学们了解了人工智能中的自然语言处理和自然语言理解技术，初步理解了它们的工作原理，并体验了一些产品中的机器翻译、机器对话、机器写作的相关功能。

【设计意图】

通过让学生自己口述的方式，帮助学生梳理本节课的学习内容，强化学生对自然语言处理技术的理解，提高学生的计算思维能力。

8. 教学反思与改进

本课以探究我们理解文字语义的过程为切入点，帮助学生理解自然语言理解的原理。在体验环节中，学生通过微信、小艺、小爱同学、诗三百平台体验人工智能机器翻译、机器对话、机器写作的功能，加深对自然语言理解原理的认识。

由于不同的学生对自然语言理解的关注度不同，学生的体验结果可能会与教师的设想有差异。这就需要教师要有很好的课堂应变能力，这也是教师在今后教学实践中需要不断学习和提高的能力。

小结

总结一下这一章的内容，可以用下图一览全貌。

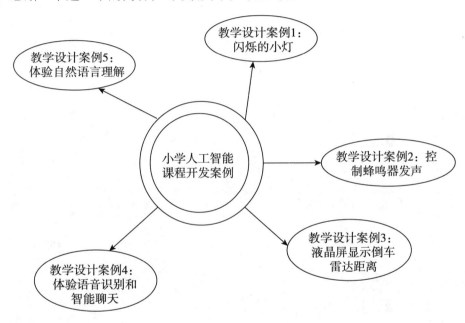

回顾与反思

通过这一章的学习，请尝试思考以下问题：

1. 根据实际情况，试着设计一节小学人工智能课程内容并实施。

2. 教师与学生怎样互动，可以更有效地调动小学生对人工智能学习的兴趣？

3. 请尝试使用形成性评价、诊断性评价和终结性评价对一节小学人工智能课堂教学的效果进行评价。

第五章　初中人工智能课程的开发

将人工智能课程纳入中学课程，对中学特别是初中阶段的科学教育、信息科技教育、全民智能普及教育具有重要的意义，但在实践中也面临着缺乏课程资源的挑战，必须采取相应的策略，才能确保初中人工智能课程得到有效实施。

初中人工智能的课程目标是什么？它与小学人工智能课程目标有什么区别？初中人工智能课程的内容应该怎样选取？应该选取什么样的软、硬件进行初中人工智能课程的教学？初中人工智能课程评价的方法、内容与小学人工智能课程有哪些不同？通过本章的学习，你都会找到答案。

本章学习目标：

● 了解初中人工智能的课程目标；

● 了解初中人工智能课程内容与小学的区别；

● 在初中人工智能课程实施之前，制订教学计划，配备相应的课程资源；

● 了解初中人工智能课程的评价目的、方法、内容。

一、初中人工智能课程的目标确定

（一）确定课程目标的依据

1. 中小学人工智能课程开发标准（试行）

2021 年 10 月 20 日，中国教育学会中小学信息技术教育专业委员会发布《中小学人工智能课程开发标准（试行）》，此标准于 2021 年 12 月 30 日开始实施。它定位于支持中小学阶段人工智能课程校本化开发及个性化实施，在国家中小学信息技术课程标准的基础上进行细化、组织、规范与拓展。

对中学阶段的学生而言，在人工智能意识方面，应该合理利用人工智能技术，高效地获取信息、处理信息。在技术应用能力方面，应该学会观察、质疑，掌握人工智能的应用方式、技术特点，形成具有应用价值的设计、方案和作品。在实践创新思维方面，应该逐步提升综合应用技术的能力，学以致用，融会贯通。在智能社会责任方面，应该有意识地运用和探索人工智能科技，就人工智能对人、社会、环境的影响做出相对理性和全面的理解，提升相关伦理和道德意识。

2. 义务教育信息科技课程标准

《义务教育信息科技课程标准（2022 年版）》明确要培育学生信息意识、计算思维、数字化学习与创新、信息社会责任四方面的核心素养，促进学生数字素养与技能的提升。此次颁布的新课标成为我国信息科技教育的一个指导性文件，将信息科技由之前的辅助类课程升级为国家课程。在初中阶段，教师应注重深化学生对人工智能课程原理的认识，探索利用信息科技手段解决实际问题的过程和方法。

（二）课程目标

1. 总体目标

初中人工智能课程的总体目标是：能描述人工智能的基本概念和特点；会使用一种人工智能语言解决简单问题，把握其基本特点；关注与信息素养相关的认知能力、想象能力、批判能力、迁移应用能力和计算思维的培养。与小学阶段不同的是，初中阶段人工智能课程是以高级程序设计语言为工具，通过尝试设计与实现基本的程序结构，将实际问题解决与算法思想连接起来。

2. 核心素养四维目标

《义务教育信息科技课程标准（2022 年版）》提出信息科技课程目标要围绕核心素养，体现课程性质，反映课程理念。核心素养是课程育人价值的集中体现，是学生通过课程学习逐步形成的正确价值观、必备品格和关键能力。

信息科技课程要培养的核心素养，主要包括信息意识、计算思维、数字化学习与创新、信息社会责任，这四个方面。根据四维目标的划分，将初中人工智能课程的具体目标细分如表 5-1-1 所示。

表 5-1-1　初中人工智能课程的具体目标

信息意识
● 观察、探究、理解互联网对社会各领域的影响。体验互联网交互方式，感受互联网和物联网给人们的学习、生活带来的改变。 ● 了解人工智能对信息社会发展的作用，具有自主动手解决问题、掌握核心技术的意识。 ● 主动学习互联网知识，增强数据安全意识，进行安全防护。

计算思维
● 在实践应用中，熟悉网络平台中的技术工具、软件系统的功能与应用。 ● 能根据需求，设计和搭建简单的物联系统原型，体验其中数据处理和应用的方法与过程。 ● 知道网络中信息编码、传输和呈现的原理；能通过软件与硬件相结合的项目活动采集、分析和呈现数据。 ● 通过案例分析，理解人工智能。根据学习与生活需要，合理选用人工智能技术，比较使用人工智能和不使用人工智能处理同类问题效果的异同。

数字化学习与创新
● 根据学习需要，有效搜索所需学习资源，探究信息科技支持学习的新方法、新模式，借助信息科技提高学习质量。 ● 在学习过程中，选择恰当的数字设备支持学习，改变学习方式，具备利用信息科技进行自主学习和合作学习的能力。 ● 主动利用数字设备开展创新实践活动。根据任务要求，借助在线平台，与合作伙伴协作设计和创作作品。在创新实践活动中，认识到原始创新对国家可持续发展的重要性。

信息社会责任
● 应用互联网时，能利用用户标识、密码和身份验证等措施做好安全防护。会使用加密软件对重要信息进行加密，能使用网盘进行信息备份。 ● 在物联网应用中，知道数据安全防护的常用方法和策略，保护个人隐私，尊重他人隐私。了解自主可控对国家安全以及互联网和物联网未来发展的重要意义。 ● 通过体验人工智能应用场景，了解人工智能带来的伦理与安全挑战，合理地与人工智能开展互动，增强自我判断意识和责任感。遵循信息科技领域的伦理道德规范，明确科技活动中应遵循的价值观念、道德责任和行为准则。

二、初中人工智能课程的内容确定

（一）课程内容的选择

初中生已经具有抽象思维和逻辑思维，并能进行假设—演绎推理，所以初中阶段的人工智能课程重在理解。了解、体验、创作作品等一系列活动可以让学生感受到人工智能技术的巨大魅力，并在体验中理解人工智能的基本原理，培养学生交叉学科的创新思维，进而思考如何利用人工智能的技术解决生活中的实际问题。初中阶段的人工智能课程内容，可以设计体验类和简单的创作类活动，让学生感受到人工智能课程的"好玩"及"可玩"。（费海明，2017）

初中人工智能课程可以基于核心素养四维目标组织和规范教学内容，同时需要遵循科学合理的基本设计原则。

首先，针对不同学段学生的认知能力和特点，设计相应的教学内容和课堂活动，不同学段之间要有明显区别。例如，前面提到，人工智能课程在小学阶段可以主要以体验性活动与课堂讨论为主，在初中阶段就要更多侧重于对基本原理的了解和简单实践。针对同一内容，不同学段的课程设置需要由浅入深，进行整体设计和规划。对于较为复杂的概念与方法的讲解，应尽量采用横向类比的方法，向学生直观呈现。

其次，课程设计应多采用项目式或探究式学习，让学生易于接受并产生深入探索的兴趣。可以选取学生在日常生活中常见的情境和主题，设计合理的驱动性问题，引导学生利用人工智能技术解决实际问题或制作项目作品。例如，可以选取"垃圾分类"主题，以"如何设计更智能的垃圾桶"为驱动性问题，引导学生在完成智能垃圾桶的设计和制作过程中，完成相关核心内容的学习。

人工智能课程的教学内容具体可分为四个层面，即人工智能通识、人工智能技术、人工智能系统、态度与价值观。初中人工智能课程的教学内容与小学相比，有了更高的要求。

1. 第一学段（7 年级）

这个阶段主要关注人工智能通识以及态度与价值观层面。

（1）人工智能通识

人工智能通识层面主要从人工智能概念、人工智能的起源与流派、人工智能研究应用现状三个方面进行教与学。初中第一学段（7 年级）主要是要理解人工智能的基本特征，知道机器学习是机器获得知识的有效方法，了解人工智能的典型应用，具体如表 5-2-1 所示。

表 5-2-1　7 年级人工智能课程通识层面内容

人工智能概念	1. 人工智能就是与人类行为相似的计算机程序。 2. 智能是知识和智力的总和，分为生物智能、群体智能、系统智能和人工智能。 3. 了解人工智能的典型应用：智能家居、自动翻译、人脸识别、自动驾驶等。
人工智能的起源与流派	1. 了解达特茅斯会议的主要成果。 2. 知道图灵测试原理。 3. 了解人工智能各阶段发展的主要成果和遇到的难题。
人工智能研究应用现状	知道目前人工智能存在两条技术发展路径：一条是以模型学习驱动的数据智能；另一条是以认知仿生驱动的类脑智能。

（2）态度与价值观层面

态度与价值观层面要从人工智能与社会、人工智能与人类、伦理道德与责任三个方面培养学生对于人工智能的态度与价值观。初中第一学段（7 年级）要求学生知道人工智能是社会发展的产物，人工智能在替代许多现有人类劳动的同时，也会产生新的劳动需求，具体如表 5-2-2 所示。

表 5-2-2　7 年级人工智能课程态度与价值观层面内容

人工智能与社会	1. 人工智能技术的应用已经渗透到社会的各个方面，对人们的工作和生活产生了巨大的影响。 2. 人工智能是社会发展的产物。反过来，人工智能的发展又改变了人类社会的各个方面。 3. 人工智能与传统产业相结合产生了新的产业，这些产业的重组和再造使得人工智能替代了许多现有人类劳动，并产生新的职业。 4. 需要构建合理的机制，使全社会都能受益于人工智能的发展。 5. 不当运用人工智能技术会带来严重后果，甚至会触犯法律。
人工智能与人类	1. 人工智能已经在越来越多的具体领域超越人类，但与人类智能相比，还有非常大的差距。 2. 结合特定的人工智能应用领域，分析说明人工智能与人类之间的辩证关系。
伦理道德与责任	1. 不受限制地发展人工智能，它有可能会超越人类，产生自我意识，这可能给人类整体生存安全带来威胁。 2. 人工智能产品有可能对人类社会造成危害，必须依照相关准则进行评估，需要规范地研究和应用人工智能技术。 3. 从人工智能的开发、部署到使用各个阶段，讨论采取什么措施限制对人工智能技术的滥用。

2. 第二学段（8 年级）

这个阶段重点关注人工智能技术层面，主要从人工智能原理与算法、人工智能工具与产品、人工智能编程三个方面进行教与学。初中第二学段（8年级）的学生应熟悉常用的开源硬件，从利用图形化编程平台进行编程，到逐步了解封装后的 Python 编程语言，通过对需求的理解，有创意地设计解决方案，具体如表 5-2-3 所示。

表 5-2-3　8 年级人工智能课程人工智能技术层面内容

人工智能原理与算法	1．从海量数据中挖掘和发现知识，进而借助知识来指导人类的行为决策，是人工智能服务社会的一个重要方面。 2．针对具体的人工智能技术，能理解其实现过程，并利用程序模块实现该技术。 3．通过比较解决同一个问题的不同算法，体验算法效率的差别。 4．通过案例分析，理解二叉树的概念及其遍历的方法，初步掌握二叉树在搜索算法中的应用。 5．通过问题解决，掌握分治、动态规划、回溯等常见算法，并结合具体问题开展编程实践。
人工智能工具与产品	1．人工智能技术的发展积累了大量的人工智能工具，这些工具利用程序设计语言实现，Python 是目前最流行的人工智能编程语言。 2．机器学习，尤其是深度学习是人工智能应用开发中的重要工具。 3．不同的人工智能工具适合不同的应用。一些工具可以用于语音识别和图像识别，而另一些工具适用于自然语言处理。
人工智能编程	1．熟悉常用的开源硬件，利用图形化编程平台或封装后的 Python 编程语言，设计能驱动开源硬件运行的程序。 2．认识基于开源硬件的信息系统的基本结构和一般设计流程。 3．理解并设计函数，理解程序模块化设计思想、原则和步骤，掌握基本的程序调试方法。 4．能够根据实际问题，设计并交流基于开源硬件的解决方案，具备一定的设计思维。 5．利用开源硬件开展项目学习，理解并自觉践行开源的理念和知识分享的精神。

3. 第三学段（9 年级）

这个阶段重点关注人工智能系统层面，主要从系统工程、系统设计与开发、系统评估与维护三个方面进行教与学。初中第三学段（9 年级）的学生要了解完整的系统设计过程，知道系统设计有多种方案，能够描述各种方案的优缺点，具体如表 5-2-4 所示。

表 5-2-4　9 年级人工智能课程人工智能系统层面内容

系统工程	1. 系统是为了达到某些目标而设计的。系统中包含多个信息处理过程，并且可能使用反馈和控制。 2. 知道系统可以相互作用，完成比单个系统更复杂的功能和任务。 3. 比较一个简单系统和复杂系统的效率，重新设计一个系统解决方案，以完成相同的目标。
系统设计与开发	1. 了解系统设计通常有多种解决方案，不同的解决方案可能在某个方面上比其他方案好。例如一个解决方案可能更安全，而另一个方案可能花费资金更少。 2. 知道人工智能系统设计通常受多种条件的限制，包括时间、资金、人力等资源。 3. 系统设计包括识别和说明问题、需求或愿望，构思并选择解决方案，制作和测试模型或原型，结果评估。如有必要重新迭代设计过程。
系统评估与维护	1. 人工智能产品必须定期维护，以确保正常运转。人工智能产品的运行应该是可监控和透明的，以便于人随时对产品进行干预。 2. 能使用智能故障诊断方法诊断设备中的问题，开发并测试各种修复方法。 3. 认识到所有人工智能产品都有生命周期。考虑产品的整个生命周期是系统设计的一个重要部分。

（二）初中人工智能课程的开发案例介绍

基于初中人工智能课程的目标和内容，本章主要选取了人大附中的部分人工智能相关课程作为案例，主要包括：揭开人工智能的神秘面纱、人工智能应用规则与伦理、人脸识别在生活中的应用及原理、探秘机器学习之分类器、语音对话实验这 5 个项目的内容，这 5 个项目几乎覆盖了人工智能的主要领域，具体教学内容如表 5-2-5 所示。

表 5-2-5　初中人工智能课程的开发案例教学内容

序号	项目名称	主要任务	主要教学内容与要求
1	揭开人工智能的神秘面纱	学会分析常见智能系统背后的数据集	● 理解机器学习的基本实现原理，体会数据集的重要作用。 ● 了解常见智能系统的实现原理及背后的数据集。 ● 在慧编程软件中体验机器学习的过程，体验手势识别数据集的获取。
2	人工智能应用规则与伦理	学习人工智能的应用规则，培养规则意识和社会责任感	● 了解人工智能应用带来的伦理问题、法律问题和其他社会问题。 ● 理解人工智能的应用规则。 ● 预见人工智能在应用过程中可能出现的问题，并设计应对策略，培养规则意识和社会责任感。
3	人脸识别在生活中的应用及原理	学习人脸识别的原理和过程	● 借助百度 AI 平台，了解人脸识别及其实现过程。 ● 借助 Kittenblock 图形化编程，实现简单的人脸识别。
4	探秘机器学习之分类器	学习分类器的概念、机器学习分类器的构建过程和实现原理	● 利用拓课云直播平台，实现课程的直播与互动，教师在课前课后通过微信 +UMU 互动平台的方式与学生沟通。 ● 理解特征选择的重要性。 ● 了解机器学习分类器的构建过程和实现原理。 ● 经历分类游戏的实践探究过程，从而理解较抽象的分类器的概念。 ● 经历分析鸢尾花的分类过程，设计鸢尾花的分类器，掌握解决分类问题的一般思路。
5	语音对话实验	学习基本语音识别的方法	● 通过百度 AI 开放平台学习，掌握基本语音识别的方法。 ● 利用 Python 语言，实现语音识别和对话。

三、初中人工智能课程的实施计划

人工智能作为一种信息智能处理技术，不仅意味着算法与工具的应用，更多的是指处理信息和解决问题的思想和方法，而后者比前者更为重要。人工智能的教学可以不同于传统课堂讲授"人工智能的专业知识"，而是通过任务设定及项目式教学，将抽象、复杂的原理形象化、简单化，使初中生深刻理解人工智能工作的基本原理，把问题化繁为简，激发学生学习和创新的兴趣。

（一）教学课时分配

初中人工智能课程的课时分配，应结合初中阶段人工智能课程内容的难易程度以及《基础教育信息技术课程标准（2012 版）》、《义务教育信息科技课程标准（2022 年版）》中对课时量分配的建议，从以下两个方面来考虑。

首先，要保证每周的课时量。鉴于信息科技课程已经从综合实践活动课程中独立出来，初中各年级每周可以在信息科技课程中，至少安排 1 个课时用于人工智能教学，确保每学期人工智能课程不少于 16 个课时。对于需要理解的理论内容和实践内容较多的课程，可以适当增加 1 个课时，尽可能将 2 课时连堂，这样可以更好地保证教学的效果。同时还可以以社团活动、兴趣特长班和夏令营等形式，遴选有人工智能兴趣爱好的学生，在校内开展线上或线下的提升拓展课程。

其次，要根据实际情况灵活划分课时。由于不同地区、不同学校的人工智能课程开设情况不同，建议教师在利用课程案例开展教学时，根据学生的实际学习情况，灵活划分课时。与小学阶段相比，初中阶段的学生需要了解的人工智能的理论知识较为复杂，在此基础上还需要将这些知识理解掌握，并从图形化编程逐渐过渡到利用 Python 等人工智能编程语言来完成作品。如果学生较难掌握当前的教学内容，教师可以延长课时或简化内容；如果学生可以较快掌握教学内容，则可将当前教学内容与下一阶段的教学内容适当合并，从而有效地利用课时达到较好的教学效果。

为了提升初中生对人工智能课程的兴趣，我们选取了与日常生活密切相关并且互动性较强的案例进行讲解，并加入了 Python 编程的内容。我们在第六章中选取了互动性较强的 5 个案例（揭开人工智能的神秘面纱、探秘机器学习之分类器、语音对话实验、人工智能应用规则与伦理、人脸识别在生活中的应用及原理）为代表进行教学，如表 5-3-1 所示是这 5 个案例的具体课时分配。

表 5-3-1　初中人工智能课程开发案例的课时分配

课程名称	模块	项目名称	课时分配
初中人工智能课程	编程初探篇	揭开人工智能的神秘面纱	1
		探秘机器学习之分类器	1
		语音对话实验	1
	生活应用篇	人工智能应用规则与伦理	1
		人脸识别在生活中的应用及原理	1

（二）课程教学方式建议

由于初中的人工智能教学重在理解，在讲述原理性的知识时，教师可以侧重使用讲授法和演示法，以达到让学生快速理解相关知识点，在短时间内获取新知识的目的。

需要注意的是，初中的人工智能课堂教学重点是提高学生的动手操作能力、信息搜集能力、理解能力、判断能力等，而项目式教学是以提高学习能力为本的一种教学方法，教师在项目式教学中可以融合各个学科的知识，进而有效地提高学生的分析能力、创造能力、实践能力。因此，以项目为导向的课堂教学模式在初中人工智能课堂中更为适用。

例如，在教学"人脸识别"这一内容时，教师可以设定情境，让学生思考如何将人脸识别运用于我们的校园生活。在讲解到程序设计语言等内容时，为提升学生学习程序设计的兴趣和能力，在教学时可以引入传统学校对于学生的日常管理这一情境，如考勤、食堂等多数是通过一卡通进行，但常常有学生丢卡等现象发生。另外，学校还需配备专职教师对卡进行管理，导致校园管理效率低下。在这个情境创造、激发兴趣的过程中，利用人工智能中人脸识别、自然语言处理的功能，通过调整代码顺序实现对话的输入和输出。比如在学生进入课堂时，考勤系统利用人脸识别自动进行比对识别，并与数据库名单比对核实，出勤、缺勤情况一目了然。既实现了精准的实时考勤，又节约了课堂点名的时间。然后，以"智能化校园"为项目式教学主题，让学生分组进行计算机程序编写，结合人工智能——人脸识别，明确提取信息的方法，利用人工智能将变量、语言运算等进行程序设计并优化。这样，学生就可以进行项目学习探究，通过原理分析—分解项目任务—设计方案—开发制作—调试优化—小组间展示成果—教师点评，有效完成项目任务。

又如，在"自动驾驶"课程中，教师首先类比人类视觉认知的基本原理和实现过程，帮助学生理解机器视觉认知是如何实现的，然后介绍卷积的概念、作用、目标、提取方式，再通过具体的"探索卷积"项目，对不同卷积核对应的不同特征图进行可视化，以小组为单位，使用同一张图片探索几种典型卷积核对应的特征图片，引导学生思考并提问卷积核与特征图的对应关系。这种课堂项目不仅能帮助学生更好地理解教学内容，还能启发学生思考，让他们产生自主探索的意愿，是教学中非常重要的一环。

除了以问题为导向和以项目为导向的课堂教学模式以外，还有一种教学模式——双师课堂，可以被应用在中学人工智能课堂教学中。

双师课堂采取主讲与助教相互配合，线上与线下相结合的教学模式。其中，主讲教师主要通过视频直播的形式讲解人工智能课程内容，助教教师在课上负责与主讲教师配合开展教学及互动，观察并记录学生课堂表现，维持课堂秩序，在课后负责答疑、批改作业、讲解习题及与家长沟通等服务工作。学生仍需到教室观看视频上课，课上通过答题器等设备与主讲教师进行互动。

中学人工智能课程对教师和教具的要求较高，一些难以请到优质师资、无法配备完备教具的地区，借助双师课堂的教学模式可以共享优质资源，提高教学质量，从而缩小学校之间的差距，实现公平而有质量的一体化教育。

双师课堂对教师的素养和教学水平提出了更高的要求，两位教师之间的配合也显得尤为重要。双师课堂要发挥 1+1>2 的效果，关键在于两位老师必须及时沟通课程进度、同步引导学习、同步引领现场讨论、同步指导探究实践，收集课堂反馈，不断调整教学目标。

（三）教学软硬件配置

在本书初中人工智能课程开发案例这一章中，我们主要以人大附中的人工智能课程为例，配置教学软硬件。

1. 教学硬件环境配置

在硬件条件上，初中人工智能课程的上课环境可结合校园文化和学校办学特色，创建科创中心、人工智能实验室等创新实验室，在实验室中教师可以向学生进行实操展示，学生方便完成相应的课堂教学活动。学校还可以结合家庭、博物馆、图书馆以及优质的社会机构共同开展人工智能教育活动。

2. 教学软件环境配置

（1）师资团队建设

初中人工智能教研组要有专职教师，全部精力用于研究教学和支持学生发展。此外，学校还要着重于构建跨学科学习系统，锻造具有较强综合素质的人工智能师资团队，建立人工智能教师队伍。人工智能课程系列着眼于培养学生的科学、技术、工程和数学素养，单一学科教师显然已经不能满足人工智能课程开发的需求。为了更好地研发符合学科融合特征的人工智能课程，数学、语文、生物学、化学、通用技术等多个学科的教师也要参与到人工智能课程的开发和实践当中，组建成一支强有力的人工智能教研团队，共同开展跨学科的人工智能教育实践。

（2）课时保障

各地各校可以根据自己学校的实际情况，每周至少1课时，在7、8、9年级开设初中人工智能课程。学校应鼓励教师开设选修课，并为选修课提供足够的课时保障。比如，学校可以设置自由选修时段，学生可以根据自己的爱好，自由选修人工智能系列课程。

（3）教学软件

在第六章的人工智能课堂教学案例中，为了教学方便，主要选取了开源免费的软件。"揭开人工智能的神秘面纱"选用的是慧编程平台，"人脸识别在生活中的应用及原理"选用的是 Kittenblock，"探秘机器学习之分类器"选用的是拓课云直播平台，"语音对话实验"选用的是百度 AI 开放平台。下面我们选取的几个常用的平台和软件进行介绍。

慧编程平台。在 2018 年 4 月 26 日，全球领先的 STEM 教育解决方案提供商 Makeblock 召开线上发布会，正式推出编程教学软件——慧编程，它是一款面向 STEM 教育领域的积木式编程和代码编程软件，支持图形化编程和 Python 编程，能让用户在软件中创作有趣的故事、游戏、动画等。慧编程打破了仅在软件界面进行的编程教学的传统，支持连接机器人和开源硬件，甚至能实现硬件与虚拟舞台的互动，丰富了编程教学的方式，充分调动了学生的积极性。一键切换 Python 和用 Python 编辑器编写代码的功能，让老师使用一款软件就能完成从图形化编程到代码编程的"无缝衔接"。除此之外，慧编程还为教师量身打造了配套教学资源和课堂管理平台，助力教师实现高效率教学。

Kittenblock。Kittenblock 是一款机器人编程软件，Kittenblock 官方版界面美观，功能强悍，软件采用模块化积木编程方式编程，支持 MicroBit、MiniLFR、Arduino、Dobot、Tello 等设备的编程和烧录。

拓课云直播平台。拓课云直播课堂软件是一款为全国中小学生打造的在线直播教学客户端，老师使用拓课云直播课堂在线授课，学生在家也能听课学习，非常方便。拓课云直播课堂对各种操作系统、各种平台都有良好的兼容性，支持 Windows、Mac、Android、iOS 等操作系统。它是一款互动教学直播软件，可以实现一对一、一对多授课，提供丰富的学员管理、教室管理、课件管理等功能。通过拓课云的全球服务网络，学员和老师可以在全球范围内进行稳定、低延时的互动授课。服务器端支持高清录制，可以自动生成回放。学员和老师可同时进行白板操作，提供荧光笔、线段擦除等工具。支持复杂的 PPT 动画功能，可以在直播过程中播放 PPT 动画及音视频文件。

App Inventor。没有任何编程知识的非专业人员也可以很容易地使用这款编程软件，因为这款软件已经事先将软件的代码全部编写完毕，用户要做的只是写简单的代码拼装程序，只需要根据自己的需求向其中添加服务选项即可。

人大附中的在线学习云平台。通过在线学习云平台，可以进行课程管理、上传作业、上传课件、上传试题并自动评分、交互聊天、论坛交流、问卷调查及互动评价，极大地方便了课堂教学。

百度 AI 开放平台。百度 AI 开放平台涉及自然语言、视频技术、语音技术、深度学习、图像技术、数据智能等多个领域，为人工智能课堂教学提供了可能。

四、初中人工智能课程的评价

（一）评价的目的

初中人工智能课程教学评价的目的可概括为以下两点。

一是提高初中人工智能课堂的教学质量。课堂教学评价可以反映出这节课是否实现了教学目标，学生是否理解了课程的各个知识点，深化了对基本概念和基本原理的认识，是否提高了学生的动手实践能力，教师的教学方法是否合适。课程评价可以反映出初中人工智能教学过程中的不足之处，以便在以后的课堂教学中加以改进。课程评价能对教学工作中每个阶段和每个环节不断调控，促使初中人工智能课堂教学工作向规范化、科学化方向发展，保证教学的质量和效果。

二是推动初中人工智能课程教学改革。教学评价是对教学活动的价值和教学效果进行判定。在教学思想上，评价可以反映出传授知识和培养能力、发展智力是否能结合起来；在教学内容上，评价可以反映出教学目标的制定是否科学合理；在教学方法上，评价可以反映出传统的教学方法与现代的教学方法是否相结合；在教学模式上，评价可以反映出课堂教学是否调动了学生学习的积极性、主动性。因此，科学的教学评价是推动教学改革的巨大动力。同时，任何教学改革实验，从方案设计、实验过程到实验结果的评定，都需要有一套完整的教学评价制度。没有科学的教学评价，教学改革工作就很难全面展开。

（二）评价的方法

在第三章中，我们讲到了课堂教学评价的方法，比如相对评价、绝对评价、个体内差异评价、形成性评价、诊断性评价、终结性评价等。初中阶段的人工智能课程与小学阶段相比，更注重培养学生对人工智能知识的理解和探索利用信息科技手段解决问题的过程，因此，我们在初中人工智能课程评价过程中应该更重视形成性评价，监控学生的成长过程，在此基础上，不断反馈有效信息，促进学生不断反思与提升。

例如，在教学过程中，教师通过观察、小组间互评、调查问卷等形式，对学生的学习能力、学习态度、合作精神、动手完成作品的能力等开展持续性评价。注重形成性评价，教师应适时对学生的情况给予评价与反馈，帮助学生有效调控自己的学习过程，及时发现自己的不足，并对自己的行为活动做出调整，以促进学生在学习过程中获得成就感，增强自信心。

（三）评价的内容

1. 学生评价

初中阶段的学生评价内容主要包括以下几个方面：

（1）信息意识

信息意识包括：理解使用（学生能够观察、探究、理解互联网对社会各领域的影响，了解人工智能对信息社会发展的作用，具有自主动手解决问题、掌握核心技术的意识，会使用加密软件对重要信息进行加密，能使用网盘进行信息备份）。

（2）计算思维

计算思维包括：思想得当（学生具备计算思维，能对较为复杂的问题进行抽象、分解、建模，并通过设计算法，实现问题的整体解决；在实践中，熟悉网络平台中的技术工具、软件系统的功能与应用，能通过软件与硬件相结合的项目活动采集、分析和呈现数据）；方法得当（学生掌握人工智能课程学习的基本方法，注重各个学科之间知识的融合）。比如，在问题解决过程中，利用数学、物理、信息科技等学科的知识，使用抽象、分解、算法设计等方法来完成一个人工智能主题作品。

（3）数字化学习与创新意识

数字化学习与创新意识包括：数字化学习（在学习过程中，能够选择合适的数字设备支持人工智能学习，改变学习方式，具备利用信息科技进行自主学习和合作学习的能力）；实践创新（能够借助在线平台，与合作伙伴协作设计和创作人工智能作品，在创新实践活动中，认识到创新对社会未来发展的重要性）。

（4）信息社会责任

信息社会责任包括：安全意识（主动学习互联网知识，增强数据安全意识，进行安全防护）；社会责任（通过体验人工智能应用场景，了解人工智能带来的伦理与安全挑战，遵守信息科技领域的伦理道德规范和行为准则）。

2. 课堂教学评价

课堂教学评价是对在课堂教学实施过程中出现的客体对象进行的评价活动，其评价范围包括教与学两个方面。课堂教学评价是促进学生成长、教师专业发展和提高课堂教学质量的重要手段。

课堂教学评价可以分为对课堂教学设计、课堂教学过程、课堂教学效果的评价。

（1）课堂教学设计

合理的教学设计对教学成果有着重要影响。教师的课堂教学设计应包括确定教学目标和设计教学内容。

● **教学目标**

教师在设计初中人工智能课堂教学的过程中，所制定的教学目标既要符合《义务教育信息科技课程标准（2022年版）》中对初中阶段人工智能部分的要求，又要适应初中生对知识掌握的情况。

例如，在学习人工智能发展必须遵循的伦理道德规范内容时，可以引导学生寻找和发现身边的人工智能应用，体会这些应用给学习和生活带来的便利，感受人工智能技术给人类社会带来的深刻影响，使学生能在教师的帮助下分析这些应用中体现的人工智能的基本特征及技术基础。分析我国自主研发的围棋人工智能程序"绝艺"，使学生感受到科技创新可以给围棋运动带来新的生命力。分析各种商业场所和办事窗口中常见的人脸识别设备是怎样正确识别顾客和办事人员的身份，使学生认识到人工智能发展必须遵循的道德规范，并探索这些人工智能产品背后涉及的数据、算法和算力三大技术基础。

● **教学内容**

教学内容的设计是课堂教学评价的基本评价指标之一，也是课堂教学的主要任务。

初中人工智能课堂的教学内容要紧密围绕初中人工智能课程的教学目标进行安排，重在使学生理解人工智能技术的原理，能借助图形化编程和Python编程，利用在线平台，与合作伙伴协作设计和创作作品。

（2）课堂教学过程

课堂教学过程包括教学行为和学生表现。

● **教学行为**

对初中教师的人工智能课堂教学行为进行评价，主要是看教师对整个教学过程的把握，是否完成了课堂教学目标，是否能根据教学目标合理安排教学内容，是否能合理地选择教学方法，是否重视培养学生自己动手完成一个人工智能作品，课堂互动效果如何等等。

初中阶段的人工智能课堂教学，应基于信息科技课程标准中的初中学段部分，以"信息意识""计算思维""数字化学习与创新""信息社会责任"四维教学目标为教学活动的依据。教师要把枯燥复杂的人工智能理论知识简单化，在实际动手操作中让学生理解人工智能的相关知识，了解人工智能技术在未来生活中的重要性和意义，使他们将学习积极性保持下去。

● 学生表现

考察初中人工智能课堂教学过程中学生的表现主要是看学生是否达到了课堂的既定教学目标，是否完成了课堂学习的内容。比如学生是否理解了相应学段的人工智能技术的原理、是否会用 Python 编程与人合作完成一个较为复杂的人工智能作品等。

（3）课堂教学效果

初中人工智能课堂教学效果可以参考以下指标：作业完成情况，可以是线上的，也可以是线下的；学生的阶段性考试成绩；领导、同事对课堂教学的评价；学生的课堂纪律、课堂气氛与学习态度等。

本章回顾与反思

小结

总结一下这一章的内容，可以用下页图一览全貌。

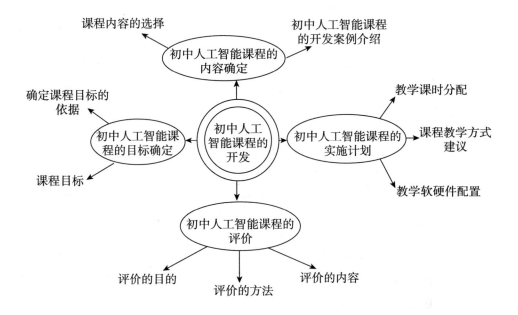

回顾与反思

通过这一章的学习，请尝试思考以下问题，然后根据初中人工智能课程的目标，试着设计一节适合初中学生的人工智能课程内容。

1. 在实施初中人工智能课程之前，教师需要做哪些准备？

2. 在初中人工智能课程评价中如何才能正确地运用形成性评价？

第六章 初中人工智能课程开发案例

如何推进人工智能课程的实施是初中阶段人工智能教育普遍面临的实际问题。本章以初中人工智能教育的目标要求为基本依据，以人大附中的人工智能课程为例，介绍了5个初中人工智能课程案例，涵盖了人工智能领域中人脸识别、机器学习、机器视觉、语音对话等相关知识。教师应该运用什么方法把人工智能的知识教给学生？怎样让学生利用已有的知识完成人工智能课程的学习活动？应该从哪些方面评价一节初中人工智能课？人大附中的初中人工智能系列课程给出了优秀的案例。

本章学习目标：
- 了解初中人工智能课堂教学的各个环节，设计一节初中人工智能课并实施；
- 在实施教学之后，对一节初中人工智能课程教学进行评价，并做出相应的改进。

在本章中，初中人工智能课程教学安排了"揭开人工智能的神秘面纱""人工智能应用规则与伦理""人脸识别在生活中的应用及原理""探秘机器学习之分类器""语音对话实验"这5个案例的内容。[①]

这5个案例从内容上来说，覆盖了人工智能的几个主要领域。根据初中人工智能教学的目标与内容，以及学情分析，选取了这5个案例的内容，它们在人工智能领域中都是比较常见的，很多代码库都是公开的，为初中生课堂练习提供了很大的方便。

一、教学设计案例1：揭开人工智能的　　神秘面纱

本课程选自人大附中校本课程——7年级选修课"你好，人工智能"，授课对象是7年级的学生。在7年级上学期，学生已经学习过图形化编程，具备用程序设计的方法解决一般问题的能力。信息科技学科开展了系列课程，包括AI红外体温检测、智能CT影像诊断系统、无人驾驶等课程。学生在这些课程中，感受到了人工智能技术的魅力，对人工智能充满向往和好奇。但是学生对人工智能技术的了解还停留在感性认识层面，对人工智能的概念、实现原理、发展趋势和对社会的影响所知甚少，更不会应用人工智能技术解决生活中的问题。基于上述分析，学生已有的知识经验和技能基础需要得到新的提升。

---

① "人工智能应用规则与伦理"由人大附中提供，袁中果执笔；"揭开人工智能的神秘面纱""探秘机器学习之分类器"由人大附中航天城学校提供，杨爽执笔；"人脸识别在生活中的应用及原理"由北京市中关村第二小学提供，王爽执笔；"语音对话实验"由北京教育学院提供，于晓雅执笔。

本单元的单元设计围绕信息科技学科核心素养来进行，基于皮亚杰建构主义思想，在学生现有水平上进行有意义的建构，从体验感知到原理学习再到项目实践、社会影响的分析，逐步实现单元教学目标。本单元的课程主要分为以下4个模块：（1）感知人工智能；（2）人工智能技术之机器学习；（3）用人工智能技术解决问题；（4）人工智能的发展与影响。

案例详情请扫描下方二维码。

教学设计案例1：揭开人工智能的神秘面纱

二、教学设计案例2：人工智能应用规则与伦理

（一）单元教学设计

学生通过本单元的学习，了解人工智能的应用潜力和可能存在的隐患，了解人工智能发展和应用带来的伦理问题、法律问题和其他社会问题，学习人工智能应用规则，预见人工智能对未来社会可能造成的影响，学会负责任地使用人工智能。

（二）单元内容分析

（1）人工智能典型应用案例解读，如自动驾驶、用户画像、自主机器人、智能医疗、智能竞技等。

（2）分析人工智能应用可能带来的隐患，如：技术滥用导致的数据安全问题、技术缺陷带来的人身安全问题、数据采集中的隐私侵犯问题等。

（3）了解人工智能应用带来的伦理问题、法律问题以及其他社会问题，学习人工智能应用规则。

（4）预见人工智能对未来社会可能造成的影响，学会负责任地使用人工智能，做智能时代的合格公民。

（三）学情分析

这部分内容面向的是学习完数据与计算模块，选修人工智能初步的学生。按照教材安排，学生已经完成了人工智能相关知识的学习与实践项目训练，对人工智能已经有了深入的认识和理解。

（四）教学目标

信息意识：通过对人工智能典型应用的体验，了解人工智能应用在当下和未来对个人工作、学习和生活造成的影响；分析人工智能应用可能带来的隐患，树立安全意识和隐私保护意识。

计算思维：了解应用人工智能解决问题的过程，发展计算思维。

数字化学习与创新：根据教师提供的案例线索在线搜索资料支持自己的案

例分析和价值判断，提高数字化学习能力。

信息社会责任：了解人工智能应用带来的伦理问题、法律问题以及其他社会问题，学习人工智能应用规则，树立正确的信息社会价值观和责任感。

（五）教学重点与难点

教学重点：人工智能的应用潜力。

教学难点：人工智能带来的问题与应对策略。

（六）单元整体教学思路

人工智能与信息社会单元教学思路如图 6-2-1 所示。

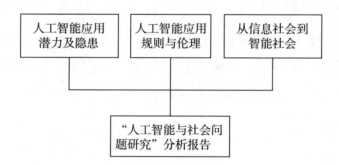

图 6-2-1　人工智能与信息社会单元教学思路

本单元计划用 4 课时完成，人工智能应用潜力及隐患用 2 课时，人工智能应用规则与伦理用 1 课时，从信息社会到智能社会用 1 课时。学生在每节课都要完成一个科普电子作品，在此基础上，形成"人工智能与社会问题研究"分析报告。

（七）课时教学设计

1. 教学内容分析

本课主要内容为人工智能应用可能带来的伦理问题、法律问题和其他社会问题，机器人三原则和人工智能应用规则。

通过具体案例分析预见人工智能应用可能带来的伦理问题、法律问题和其他社会问题，组织学生讨论应对策略。通过学习机器人三原则和人工智能应用规则，学生懂得发展人工智能必须遵循一定的规则，培养责任意识，能负责任地应用人工智能。

2. 学情分析

本课实施对象为7年级学生，学生对人工智能比较感兴趣，对人工智能应用有初步的认识，但认识不够全面和深入。

3. 教学目标

表6-2-1 "人工智能应用规则与伦理"教学目标

学习内容	教学目标	
人工智能应用规则与伦理	信息意识	通过案例分析，了解人工智能应用对社会影响的两面性。
	计算思维	本课内容不涉及。
	数字化学习与创新	善于利用教师提供的在线资料支持案例分析，完成并在线提交分析总结PPT。
	信息社会责任	了解人工智能应用带来的伦理问题、法律问题及其他社会问题，学习人工智能应用规则，树立正确的信息社会价值观和责任感。

4. 教学重点与难点

教学重点：人工智能应用带来的伦理问题、法律问题和其他社会问题。

教学难点：智能社会应对策略。

5. 学习评价设计

通过课堂提问和讨论，了解学生的学习进度和情况。通过在线作业和作业批阅，记录学生的学习过程，全面深入掌握学生的学习情况，给出评语和分数反馈。

6. 学习活动设计

环节一：讨论人工智能应用带来的伦理问题（5分钟）	
教师活动	学生活动
播放新闻片段吸引学生，引出讨论主题，介绍案例"沙特阿拉伯授予机器人索菲亚公民身份"，引出关于人工智能带来的伦理问题的讨论，在学生讨论的基础上补充总结：伦理问题包括身份伦理和情感伦理。	学生思考，发言参与讨论：这个案例中涉及哪些伦理问题？随着人工智能在各个领域的深入发展与广泛应用，还会带来哪些伦理问题？
设计意图： 预见人工智能应用带来的法律问题，讨论应对策略。	
环节二：讨论人工智能应用带来的法律问题（5分钟）	
教师活动	学生活动
介绍案例： 一男子乘坐一辆无人驾驶汽车被交警开罚单，引出关于人工智能带来的法律问题的讨论，在学生讨论的基础上补充总结：交通事故界定、北京条例、上海条例、知识产权等其他法律问题。	学生思考，发言参与讨论：无人驾驶汽车上路会带来哪些法律问题，如何应对？随着人工智能在各个领域的广泛应用，还会带来哪些社会问题？我们应该采取哪些应对策略？
设计意图： 预见人工智能应用带来的法律问题，讨论应对策略。	
环节三：讨论人工智能应用带来的其他社会问题（7分钟）	
教师活动	学生活动
介绍案例： 四川九寨沟县发生7.0级地震，中国地震台网机	学生思考，发言参与讨论：人工智能在新闻领域的应用可

教师活动	学生活动
器人自动编写稿件，发出了全球第一篇报道，引出关于人工智能带来的社会问题的讨论，在学生讨论的基础上补充总结：新闻失衡、某些行业人员失业、机器人学坏、算法歧视、数据安全、隐私保护、机器战士等。	能带来哪些社会问题？随着人工智能在各个领域的深入发展与广泛应用，还会带来哪些社会问题？我们应该采取哪些应对策略？

设计意图：

　　预见人工智能应用带来的其他社会问题，讨论应对策略。

环节四：机器人三原则（10 分钟）

教师活动	学生活动
播放电影《机械公敌》中关于机器人三原则对话片段，引出人工智能应用规则话题，仅靠机器人三原则不能解决人工智能带来的所有问题。	观看电影《机械公敌》中关于机器人三原则对话片段，复述机器人三原则。

设计意图：

　　通过电影片段激发学生学习兴趣，让学生了解机器人三原则。

环节五：人工智能应用规则（7 分钟）

教师活动	学生活动
解读百度和微软提出的人工智能发展和应用规则、阿西洛马人工智能原则。	听课、记忆。

设计意图：

　　让学生了解人工智能应用规则，了解企业的担当，培养学生的规则意识。

环节六：总结提升（6 分钟）

教师活动	学生活动
总结：人工智能带来的问题需要全社会共同努力去解决，企业要承担社会责任，个人也应该积极承担信息社会的责任。	补充完善自己小组的讨论PPT 并在线提交。

设计意图：

　　培养学生智能社会的责任意识与担当精神。

7. 板书设计

PPT 课件展示。

8. 作业设计

从发展人工智能带来的伦理问题、法律问题和其他社会问题三个议题中选择一个，在分组讨论基础上，形成本组的分享 PPT 并在线提交。

9. 特色学习资源分析、技术手段应用说明

学生在课前分组，进行在线检索和收集资料形成 PPT，课堂讨论后修改完善 PPT。

学生在线提交作业，教师通过课后批改作业，掌握学生学习情况。

10. 教学反思与改进

这部分内容的设计是针对学习完数据与计算模块，选修人工智能初步的学生，按照教材安排，学生已经完成了人工智能相关知识的学习与实践项目训练，对人工智能已经有了深入的认识和理解。

本课实施对象为 7 年级学生，参与学习的学生人工智能基础较为薄弱，没有学习人工智能选修模块前面的知识内容，导致讨论不够深入。人工智能带来的问题不容易被严格按类划分，导致学生讨论过程中谈的话题可能涉及多个领域或类别。研究课的功夫在平时，下次实施教学前教师要给学生做更多的知识铺垫，准备更多的资料，搭建更好的讨论框架，使教学效果更好。

三、教学设计案例 3：人脸识别在生活中的应用及原理

（一）单元教学设计说明

2017 年国务院印发的《新一代人工智能发展规划》中明确指出人工智能成为国际竞争的新焦点，应逐步开展全民智能教育项目，在中小学阶段设置人工智能相关课程、活动。本单元可作为中学生初步了解和学习人工智能的信息技术拓展课内容。

（二）教学目标

信息意识：能举例说出人工智能在生活中的应用，了解人工智能对信息社会发展的作用，树立正确的信息价值观、道德观。

计算思维：通过案例分析，理解人工智能的工作流程和原理。

数字化学习与创新：利用线上学习平台研究人工智能原理，通过图形化编程实现人脸识别、语音识别等。

信息社会责任：能正确应对人工智能对社会的影响，了解人工智能带来的伦理与安全挑战，懂得用技术服务社会。

（三）教学重点与难点

教学重点：区分人工智能和非人工智能，实现简单人工智能应用。

教学难点：语音识别、机器学习、人脸识别的概念。

（四）单元整体教学思路

单元结构：

第一课　认识人工智能

第二课　人工智能是如何学习的？——机器学习

第三课　人脸识别在生活中的应用及原理——人工智能在计算机视觉领域的学习与研究

第四课　会说话的人工智能——语音识别

（五）课时教学设计

1. 教学内容分析

本节课主要的内容为理解人脸识别的工作原理以及用图形化编程实现人脸识别，体验人脸识别的应用，感知人脸识别技术为人类社会带来的便利。在百度 AI 体验中心切身感受人脸识别的实现过程，用 Kittenblock 编程软件实现识别小组同学的脸，加强对人脸识别原理的理解。

本单元一共四节课，本节课为第三课，在前两节课中学生已经了解了人工智能的概念以及机器学习的原理，为本节课学习人脸识别打下了知识基础，并且学习难度逐步递增，在学生认知和课程结构上都是逐步递增的，更适合学生的学习和发展。

2. 学情分析

本课实施对象为7年级学生，他们在小学信息科技课上学习过图形化编程，对图形化编程并不陌生。本课选用 Kittenblock 软件，学生易掌握。7年级的学生接收信息知识的能力较强，现代社会信息技术的迅速发展让我们的生活变得更便利，身边随处可见人工智能的应用，如导航机器人、小区车牌识别等。智能产品离学生的生活很近，学生容易理解而且非常熟悉，通过编程活动可以让学生更好地理解人脸识别的原理和实现过程，提升学生数字化学习能力与创新能力。

3. 教学目标

表 6-3-1 "人脸识别在生活中的应用及原理"教学目标

学习内容		教学目标
人脸识别在生活中的应用及原理	信息意识	了解人脸识别技术对信息社会发展的作用，树立正确的信息价值观、道德观。
	计算思维	通过人机对比和百度 AI 平台分析得出人脸识别的工作流程和原理。
	数字化学习与创新	能利用图形化编程实现人脸识别程序。
	信息社会责任	能正确应对人工智能对社会的影响，了解人工智能带来的伦理与安全挑战，懂得用技术服务社会。

4. 教学重点与难点

教学重点：理解人脸识别的概念，梳理人脸识别的过程，了解人脸识别在生活中的应用。

教学难点：梳理人脸识别的过程。

5. 学习评价设计

表 6-3-2 "人脸识别在生活中的应用及原理"课堂学习评价

	评价内容	优	良	中	差
核心知识	能使用信息科技学科语言准确描述操作过程，能区别人工智能与非人工智能，理解人脸识别的原理，实现同学间人脸识别的编程应用。				
学习能力	能够运用相关软、硬件辅助学习。				
学习习惯	上课前能准备好学习用品；能在课堂中集中注意力安静地倾听教师讲解和他人想法；乐于探究，敢于表达，课内积极发言；喜欢参与课堂的实践活动，在和他人合作活动时有礼貌、有秩序；非常熟悉信息科技课的规则和制度，在日常上课时能够严格遵守和维护；无论在校内还是校外都能够对自己发表的信息言论和做出的信息行为负责。				

6. 学习活动设计

环节一：场景导入，聚焦核心（5分钟）	
教师活动	学生活动
小游戏：猜猜 ta 是谁？ 　　出示学生的脸局部照片。 　　问题：你如何猜出他是谁？ 　　追问：只要知道他的特征就能认出他是谁吗？ 　　出示陌生人的脸局部照片。 　　书写板书"人：认识他—看特征"。 　　这是我们人类识别人的过程，今天老师为大家请来一位"老"朋友，这就是我们的测温机器人，它能不能认出你呢？谁来试一试？ 　　机器人是怎么认出你的呢？带着这个问题，我们今天一起来探讨一下人脸识别的过程和原理。	学生根据面部特征猜测这是哪位同学。 学生体验测温机器人的人脸识别功能，发现有的学生可以被测温机器人识别出来，有的不可以。

环节一：场景导入，聚焦核心（5分钟）

设计意图：

　　用猜猜 ta 是谁的游戏总结出人类进行人脸识别的过程，为后面对比机器进行人脸识别做基础；用贴近学生实际生活的测温机器人激发学生的学习兴趣，并逐步聚焦本课的主题——人脸识别。

环节二：建立概念，梳理过程（12分钟）	
教师活动	学生活动
对比之前人进行人脸识别的过程，你来推测一下机器人进行人脸识别的过程。 　　在人脸识别过程中还有很重要的一步叫"人脸检测"。在摄像机的镜头下机器人看到的画面是这样的，怎样确定哪个是人脸呢？如图 6-3-1 所示。  图 6-3-1　人脸识别	预设：老师先把我们的照片输入到后台（数据库），然后机器人把我们的人脸图像与数据库里的照片进行对比。 图像采集→ 特征提取→人脸比对。
一探究竟：探究人脸检测的过程 　　打开链接"人脸检测"，上传你的照片，检测一下自己的人脸，你发现了什么？ 　　扫描图片或者视频，框选出人脸的部分，在人脸上的蓝点是方便提取人脸特征的关键点，有了这些关键点机器人就能确定五官的具体位置了。 　　这就是人脸识别的过程。	预设：扫描了图片之后有一个蓝色的方块框住了人脸，并且在脸上有一些蓝点，还显示了我们的一些信息（这些信息准确吗？）；在右边还有一些代码（把特征转化成数据）。

设计意图：

　　从人类进行人脸识别的过程过渡到机器识别人脸的过程，让学生在实际体验中感受人脸检测、识别、对比的过程，总结人脸识别的步骤。

环节三：自编程序，知识内化（15分钟）	
教师活动	学生活动

想不想自己编写一个人脸识别的程序？请为我们班编写一个人脸识别打卡程序。

打开 Kittenblock 添加 Face AI 和视频侦测两个模块，如图 6-3-2 所示。

Face AI　　　　　　视频侦测

图 6-3-2　Face AI 和视频侦测模块

任务一：图像采集

当绿旗被点击时录入你的人脸到数据库中，如图 6-3-3 所示。

1. 学生自行尝试；
2. 教师引导完善程序；
3. 学生继续完善。

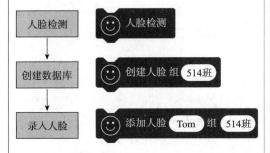

图 6-3-3　录入人脸模块

没录入完的同学继续完成，录入成功的同学试着编写识别的程序。

任务二：进行人脸识别

当按下空格键能识别出视频里的人是谁，如图 6-3-5 所示。

人脸录入图形化编程如图 6-3-4 所示。

图 6-3-4　人脸录入图形化编程

怎样知道人脸已经录入成功了？

预设：如果录入成功软件会提示添加成功。

教师活动	学生活动
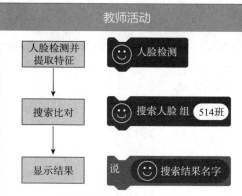 图6-3-5　识别人脸模块 问题预设：我们班有一对双胞胎姐妹，你能分辨出她们吗？机器可以吗？ 做一个小实验：侧面面对摄像头，机器还能认出你吗？遮挡脸的局部，机器还能认出你吗？思考影响人脸识别正确率的因素及如何完善。 你的人脸识别程序还能显现哪些功能？这些数值是通过什么得出来的？	完成任务二：人脸识别编程 人脸识别图形化编程如图6-3-6所示。  图6-3-6　人脸识别图形化编程 预设：人脸的特征提取要注意完整、角度、光线，在面对识别双胞胎的情况时，人是通过性格、行为举止来判别的，机器有可能识别不出来。 人脸识别其他功能的图形化编程如图6-3-7所示。 Face AI：年龄　28 Face AI：搜索可信度　0 Face AI：颜值　66.436 图6-3-7　人脸识别其他功能的图形 化编程 根据特征数值和标准值进行比较（算法）。

设计意图：

　　引导学生在 Kittenblock 平台上实现人脸录入和人脸识别图形化编程，激发学生对人工智能课程的兴趣。

环节四：正确利用人脸识别技术，做未来社会的建设者（8分钟）	
教师活动	学生活动
我们已经编写了人脸识别的程序，它可以应用在哪里呢？（请你说一说人脸识别在生活中有哪些应用。） 　　人脸识别的应用远不止于此，它还能应用在很多地方（播放猪脸识别、酒店人脸识别帮助警方抓捕坏人、美颜相机一键美颜等视频）。 　　通过今天的学习你有什么收获？ 　　人脸识别对人类来说都有什么好处？ 　　人脸识别有这么多好处，有些心术不正的人也会利用它，比如用照片代替人脸盗取别人的快递、仿造视频，面对这些不道德的现象我们又该怎么办呢？ 　　同学们说得非常好，人工智能很厉害，但是如果不被正确利用，危害更大，比技术更可贵的是正确的价值观和责任感，希望你们都能成为有道德有理想的技术达人。	小区门禁、刷脸支付、刷脸考勤、刷脸解锁。 预设：了解了人脸识别的原理，会自己编写人脸识别的程序。 预设：人脸识别方便了我们的生活，帮我们节省了很多时间…… 预设：正确利用人脸识别技术造福人类，完善人脸识别技术，让坏人无可乘之机。 总结：农业上可以识别作物，保障食品健康；刑侦方面可以帮助警察快速抓住坏人；出门不用带很多卡，能够通过人脸识别准确识别身份。

设计意图：

　　拓展介绍人脸识别的应用，开拓学生的眼界，让学生对人脸识别有新的认识，树立正确的价值观和责任感，培养学生信息责任意识。

7. 板书设计

人脸识别

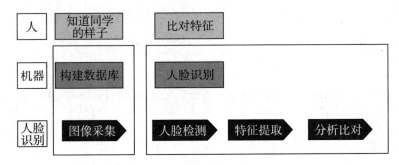

图 6-3-8　人脸识别板书设计

8. 作业与拓展学习设计

尝试识别人脸的年龄、颜值等其他属性。

9. 特色学习资源分析、技术手段应用说明

本课从学生身边的情境入手，生动贴切地导入人工智能课题，课程活动丰富且有趣，可以迅速吸引学生的注意力，保障教学高效开展。

对于难理解的原理部分借助直观且易操作的百度 AI 体验中心来实现，既能帮助学生理解又提升了学生的操作能力。所用的编程软件是 Kittenblock，用智能拓展模块中的人脸识别来让学生亲身体验人脸识别搭建的过程，激发学生学习的动力。环节四中用现代智能视频合成技术，为学生们拓展了眼界，更传达了正确的信息社会责任，实现了德育教育。

10. 教学反思与改进

本课融合了多种教学资源帮助学生理解人脸识别，通过人机对比人脸识别实验和游戏，搭建从对比到抽象的原理认知过程，充分利用百度 AI 这个人工智能开放平台帮助学生进一步理解人脸识别的详细过程，最后学生通过自主编程实现人脸识别，形成完整的人脸识别体验过程。

作为人工智能初识课，本课还有很多需要改进的地方，例如课堂评价方式可以更多元化，比如利用班级优化大师等辅助评价软件；在学生理解层次上，可以更有针对性地进行设计，实现分层教学；在人脸识别的应用和影响上，可以给予学生更多的时间去充分研讨，引发他们对人脸识别在人类信息社会的价值的思考。

四、教学设计案例 4：探秘机器学习之分类器

（一）支持材料

1. 选择的线上网络平台简介

本课采用拓课云在线直播互动平台。该平台具有音视频互动、在线文字讨论、计时器、小白板、答题器、抢答器、涂鸦工具以及奖杯工具等功能。

2. 线上教学支撑材料

材料 1："探秘机器学习之分类器"教学课件；

材料 2：课中导学案、学生自评表；

材料 3：课后作业评价量规。

（二）背景分析

1. 课程标准要求

《义务教育信息科技课程标准（2022 年版）》指出，以数据、算法、网络、信息处理、信息安全、人工智能为课程逻辑主线，按照义务教育阶段学生的认知发展规律，统筹安排各学段学习内容。从信息科技实践应用出发，注重帮助学生理解基本概念和基本原理。在人工智能与智慧社会模块，课程标准明确指出了初

中阶段关于人工智能应掌握的内容，给初中阶段的人工智能教学指明了方向。

2. 教学内容分析

本节课选自人大附中校本课程——8 年级选修课"你好，人工智能"，课程内容参考华东师范大学出版社《人工智能基础（高中版）》第二章"牛刀小试：察异辨花"。

在参考高中教材的同时，基于初中学生的年龄特点、知识储备、理解能力等学情，在课程内容设计上形成了以下四个特点。

（1）知识趣味化。将机器学习中的分类问题以分类游戏的形式呈现，为学生创设生活情境和轻松愉快的学习氛围。

（2）内容简单化。在分类游戏中，通过找一找、写一写、用一用、测一测的游戏环节，将复杂的分类器分解为得到分类器和使用分类器的过程，降低学生的学习难度。

（3）原理可视化。替换原书中的线性分类器，采用可视化效果好的决策树分类器，让学生直观感受分类器分类的过程。

（4）实践简单化。在图形化编程环境中实现图像识别、文字识别和语音识别等功能，降低学生的学习难度。

本课围绕信息科技学科核心素养，基于皮亚杰建构主义思想，从体验感知到原理学习再到项目实践、社会影响的分析，共设置 4 个模块，分别是感知人工智能、机器学习、我是 AI 工程师和 AI 的社会影响，如图 6-4-1 所示。

第 1 模块：感知人工智能，以人工智能应用为主。通过这一模块的学习，学生感受到了人工智能技术的魅力，通过分析智能应用的案例提炼并总结出人工智能的定义，了解了人工智能的产生与发展，提升了学生的信息意识和信息社会责任意识。

第 2 模块：机器学习，以人工智能技术中的机器学习为例，引导学生分析其实现原理，并体验在图形化编程中实现机器学习的完整过程，提升学生的计算思维。本模块旨在引导学生从对人工智能定义的理解深化到对原理的理解，并且为下一单元的项目实践做铺垫，起着承上启下的作用。

第3模块：我是 AI 工程师，引导学生结合生活中的问题，自主设计智能系统并且利用机器学习的原理，编程实现智能系统，最后进行项目成果的展示。在此模块中，学生经历完整的智能系统设计过程，提升数字化学习与创新能力。

第4模块：AI 的社会影响，包括引导学生分析人工智能的发展趋势，并讨论人工智能给社会带来的影响，提升学生的信息社会责任意识。

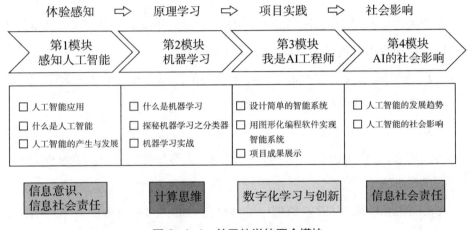

图 6-4-1　单元教学的四个模块

本节课属于第 2 模块的第 2 课时（如图 6-4-2 所示），主要内容是机器学习中的分类器。学生在第 1 课时的学习中理解了机器学习的概念，初步感知了数据集的价值，在此基础上学习机器学习中分类器的原理，深入了解人工智能技术，进一步激发学习和探究新技术、新知识的积极性，为后续在学习和生活中运用人工智能技术解决实际问题奠定理论基础。

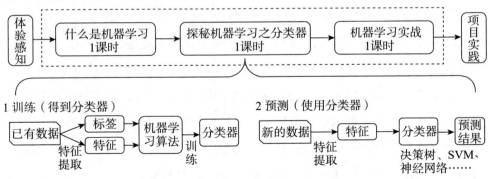

图 6-4-2　探秘机器学习之分类器的 2 个课时

3. 学情分析

本课授课对象是我校 8 年级学生，在对学生进行调查问卷、课前访谈后，分析出学生具有以下特点：

年龄特征：该年龄段的大部分学生思维活跃、求知欲强，对新事物充满好奇，但是理解能力不强，处于由以直观形象思维为主向抽象逻辑思维过渡的关键时期。因此在线上教学中，以分类游戏导入课程，吸引学生的注意力，并且通过不同的游戏环节引导学生逐步深入理解分类器的构建过程。

知识基础：学生在 7 年级的信息科技课中已经学习过算法与程序设计，初步掌握了用流程图表示算法。由课前访谈的调查结果可知，部分学生对于人工智能应用（如图像识别）背后的原理有自己的猜想，能够猜想出图像识别需要收集很多图片构成图片库，这些学生认为图像识别的过程是新的图像与图片库匹配的过程。从这些访谈可以看出，学生能够较好地理解数据的概念，但是在理解机器学习模型的概念上存在认知障碍，无法理解机器学习是从已有数据中归纳总结的过程。因此，在课程设计上，以机器学习中的分类器为课程目标，通过有毒的鱼与无毒的鱼的分类来帮助学生理解抽象的分类器的概念，从而使学生理解机器学习是从数据中学习的过程，而不只是简单的匹配。

情感态度：通过前面第 1 模块的课程学习，学生感受到了人工智能技术的魅力，对进一步探索人工智能充满了向往和好奇。

4. 教学重点与难点

教学重点：体会特征选择的重要性；理解机器学习中的分类器的构建过程。

教学难点：理解机器学习中的分类器的构建过程。

当代的人工智能普遍通过学习来获得进行预测和判断的能力。机器学习方法通常是从已知数据中学习数据中蕴含的规律或者判断规则。其中，分类问题是机器学习中监督学习的重要分支，特征的选择也是一个重要的研究方向。因此，本节课的教学重点是体会特征选择的重要性和理解机器学习中的分类器的构建过程。分类器在机器学习中是比较抽象和复杂的概念，因此，理解机器学习中的分类器的构建过程也是本节课的教学难点。

5. 教学目标

表 6-4-1 "探秘机器学习之分类器"教学目标

学习内容		教学目标
探秘机器学习之分类器	信息意识	经历分类游戏的实践探究过程，体会特征选择的重要性，能够说出分类器的概念，认识并发现身边的人工智能应用，提升信息意识。
	计算思维	1. 通过分类游戏中的"写一写"活动，理解机器学习中分类器的构建过程。 2. 经历分析鸢尾花的分类过程，了解机器学习中分类问题的实现方式，掌握解决分类问题的一般思路，提升计算思维。
	数字化学习与创新	通过学习机器学习中的分类器，进一步激发学习和研究新技术、新知识的积极性，促进在日常生活与学习中进行创新活动。
	信息社会责任	经历机器学习案例的原理分析，感受人工智能应用给人类学习和生活带来的便利，体会人工智能带来的社会变化和安全挑战，不断增强信息社会责任意识。

6. 教学方法与策略

游戏——探究式教学：

面对抽象的理论，直接讲授往往无法吸引学生的注意力，导致学生学习兴趣和效率低。为了让枯燥的理论知识更加生动，采用分类游戏引导学生在游戏体验中体会特征选择的重要性，归纳、总结、梳理构建分类器的过程，提升信息意识。

启发式教学：

通过游戏中的任务及课堂问题，培养学生独立思考问题的能力，结合分类游戏中得到分类器和使用分类器的过程，通过类比推理，使学生分析出机器学习中分类器的构建和使用的过程。

理论与实践相结合：

通过了解鱼的分类过程，学习分类器的理论知识；通过对鸢尾花进行分类，在实践的过程中结合理论知识，使学生可以更好地理解抽象概念，加深对机器学习中分类器的认识。

		活动内容	设计意图
线上教学过程	活动1： 游戏引入—— 规则介绍 （3分钟）	1. 开场白 　　同学们好！今天我们学习的主题是机器学习中的分类器。 2. 教师介绍游戏规则 　　通过鱼的形态可以判断鱼是否有毒。 3. 教师提出问题 　　如何根据已知的鱼的特征，判断未知的鱼是否有毒？ 　　学生提出解决方案：找规律。	以分类游戏导入，吸引学生的注意力，通过游戏中的问题激发学生的学习动机，引导学生用归纳总结的方法解决问题。
	活动2： 探究分类游戏 （20分钟）	环节1：找一找（选择特征） 1. 教师提出问题： 　　通过什么特征可以区分有毒的鱼和无毒的鱼？ 　　学生观察，根据找到的特征发言。 2. 教师引导学生梳理观察的过程。 教师总结： 　　在刚才观察的过程中，进行了特征的选择，选择出了有用的特征——尾巴的形状和眼睛的形状。 环节2：写一写（得到分类器） 1. 教师说明分类规则的要求： 　　要有对两种特征的判断和根据判断得到的两种结论。 2. 教师设置计时器、小白板、在讨	分类游戏贯穿三个环节。 环节1：找一找，让学生体验寻找并选择特征的过程，从而体会到特征选择的重要性。 环节2：写一写，让学生探究分类器的构建过程。

		活动内容	设计意图
线上教学过程	活动2： 探究分类游戏 （20分钟）	论区发布图片。 　　学生在小白板中作答。 　　教师巡视学生的答题情况，并进行及时的指导。 3.教师找两名有代表性的学生发言讲解分类规则的设计思路，并给予肯定。 4.教师引导学生一起制定一个决策树的分类器。 环节3：用一用（使用分类器） 1.用刚才的分类器来判断图中4条鱼有毒还是无毒。 　　教师发布选项答题器，学生作答。 2.教师总结：这就是使用分类器的过程。	环节3：用一用，体验使用分类器对未知的鱼进行快速判断，帮助学生理解分类器的重要意义。
	活动3： 游戏总结 （10分钟）	环节1：游戏总结 　　教师梳理总结分类游戏中得到分类器和使用分类器的过程。 环节2：测一测 　　教师设置抢答器，通过测试题巩固重点内容，并采用抢答和奖杯的形式对学生进行及时的评价。 　　学生抢答并解释原因。 1.刚才得到的分类器也可以判断鱼的种类。（分类器的作用） 2.分类器的关键在于已有的数据，与选择的特征无关。（特征选择的重要性） 3.分类器是从已有的数据中归纳总结得到的分类规则。（分类器的概念）	本活动是对分类游戏的总结，帮助学生梳理分类器的构建和使用两个过程，通过"测一测"环节对重点的内容进行巩固，采用抢答的形式激发学生的学习动力。

	活动内容	设计意图
活动 4： 迁移应用 （5 分钟）	环节 1：机器学习中的分类器 　教师引导学生对比分析分类游戏与机器学习中分类的异同，得出机器学习分类的训练和预测的过程。学生听讲、思考。 环节 2：鸢尾花分类问题 教师提出问题： 　解决鸢尾花分类问题需要几个步骤？（学生根据本节课所学，提出解决方案。）	本活动的设计意图是帮助学生从分类游戏中的分类器构建和使用的过程自然过渡到机器学习中的训练和预测的过程。通过鸢尾花分类问题帮助学生实现对知识的迁移应用。
活动 5： 作业与自评 （2 分钟）	教师布置作业： 　根据数据表，结合今天所学内容，设计鸢尾花的分类器。 　学生总结并通过 UMU 互动平台进行自我评价。	布置的课后作业培养学生迁移应用的能力。通过 UMU 平台了解学生自评及课后作业情况，及时掌握学生的学习情况。

线上教学过程

问题框架：

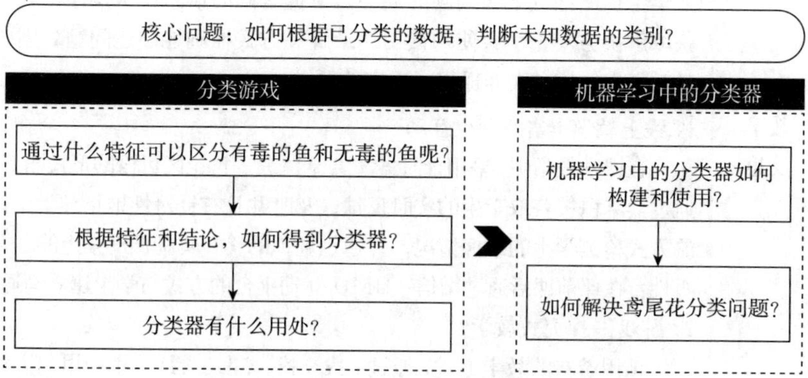

图 6-4-3　探秘机器学习之分类器核心问题

核心问题：如何根据已分类的数据，判断未知数据的类别？如图 6-4-3 所示。

问题链 1（分类游戏）：

　通过什么特征可以区分有毒的鱼和无毒的鱼呢？

　根据特征和结论，如何得到分类器？

线上教学过程	分类器有什么用处？ 问题链2（机器学习中的分类器）： 机器学习中的分类器如何构建和使用？ 如何解决鸢尾花分类问题？	
信息技术应用分析	教学中用到的信息技术	信息技术对教学支持的分析
	拓课云直播平台	用于课程的直播与互动
	微信学习群（课前课后）	师生交流和生生交流
	UMU互动（课后）	自评表及作业的发布和提交
教学反思	1.教学目标和教学重难点的反思 　　从教学后的效果来看，大部分学生能够体会到分类器的重要作用，了解机器学习中分类问题的基本原理，并在课后反馈希望更深入地了解机器学习算法。 2.有关线上教学的反思 　　线上教学对于注重实践的信息科技课程来说，主要问题是师生沟通的障碍，初中学生遇到困难后无法及时获得教师的指导，容易灰心丧气，这就需要学生提高独立解决问题的能力，掌握基础的信息技术操作，如：上网搜索获取解决方案，学会使用截图、录屏等方式准确地描述问题。因此，线上教学对学生的信息素养提出了更高的要求。 1.线上教学丰富的师生互动 　　在课堂教学中，采用计时器＋共享白板＋讨论区讨论的形式布置课堂任务，通过共享白板获取学生的实时反馈，及时并且有针对性地指导学生；通过抢答的方式检测学生的掌握情况，并通过虚拟的奖杯奖励调动学生的学习兴趣和积极性；在课前课后通过微信＋UMU互动平台的方式与学生建立沟通的桥梁。 2.游戏－探究式教学 　　采用游戏的教学方式，通过"找一找""写一写""用一用"以及"测一测"多个分类游戏环节引导学生逐步实现教学目标。这样的方式让枯燥的理论知识更加生动，降低了学生学习的难度。 3.多维度评价 　　采用多种评价方式，线上教学中采用答题器、抢答、互动连麦等方式进行过程性评价，课后采用学生自评以及评价量规来实现对学生的综合性评价。	

五、教学设计案例 5：语音对话实验

（一）单元教学设计说明

语音识别是一种识别语音的技术，让语音充当"人与计算机之间的主要接口"。它是一门涉及数字信号处理、人工智能、语言学、数理统计学、声学、情感学及心理学等多学科的交叉科学。这项技术可以提供如机器客服、自动语音翻译、命令控制、语音验证码等多项应用。

语音识别对学生也有很多好处，尤其是对有身体残疾和严重学习障碍的学生。对残障学生的好处可能包括：更好地使用计算机、提高写作能力、改进写作技巧、增加独立性、减少写作焦虑以及提高核心阅读和写作能力。但多年来该技术在课堂上的实施并不尽如人意。然而，随着技术的不断改进，许多问题正在得到解决。

（二）单元内容分析

本单元内容包括：当前的语音识别技术是如何实现的，通过百度 AI 开放平台接入和输出语音识别，并且深入探索如何通过语音识别来促进学生学习，以及语音识别技术的发展如何促进未来的学习。

单元在参考教材内容的基础之上，结合中学生的年龄特点、知识储备和理解能力，在课程内容设计上形成了以下三个特点。

（1）知识生活化。将人工智能与语音识别应用紧密结合，为学生创造良好的生活情境和学习氛围。

（2）原理可视化。结合百度 AI 开放平台让学生学习和体会到语音识别的转化成果和技术进步。

（3）应用简单化。利用 Python 和 Jupyter 软件，让学生能够用代码的方式实现复杂的人工智能，降低学习与应用的难度。

本单元的课程主要分为以下 4 个模块：认知文本识别；人工智能技术之语音识别；百度 AI 开放平台的介绍、应用、接入和调用；语音识别的基本原理与实现路径。

（三）学情分析

认知特点：

初中生的认知能力及操作能力有一定个体差异，因此教师在学习任务的设计上要紧扣教学目标，既要注重知识技能的基础性，又要关注学生的个性发展，增强每个学生学习的主观能动性。

知识基础：

（1）大多数学生在生活中都使用过语音识别软件，对此有基本认识。

（2）大多数学生对人工智能基本原理和应用有基本的了解和实践。

（3）学生在信息科技课程中已经学习过 Python 和 Jupyter，能够编写基本的代码来实现一定的功能。

（四）课时教学设计

1. 教学内容分析

本课的主要内容是学习通过 Python 和百度 AI 开放平台实现语音识别，旨在加强学生对于人工智能语音识别的深入理解。

在教学内容选择上，通过 Python 和 Jupyter 来实现对百度 AI 开放平台的接入和调用，从而输出语音识别的结果。

2. 学情分析

在语音识别领域，学生往往知道如何使用软件来实现，却不知道其背后的原理和实现路径。所以学生应该深入学习如何通过人工智能技术来解决语音识别问题。基于以上分析，学生在语音识别方面的知识和技能有待提高。

3. 教学目标

表 6-5-1　"语音对话实验"教学目标

学习内容		教学目标
语音对话实验	信息技术	通过百度 AI 开放平台学习和经历基本语音识别方法的实践探究过程，理解文本识别的意义与应用，提升信息意识。
	计算思维	1. 通过百度 AI 开放平台的学习，理解人工智能背后的理论和实现路径。 2. 经历连接硬件，借助 Python 和 Jupyter 来实现对百度 AI 开放平台的接入和调用，最终输出语音识别的结果的过程，掌握解决语音识别和语音问答问题的一般思路，提升计算思维。
	数字化学习与创新	通过完成语音识别和语音问答实验，进一步激发借助 Python 和 Jupyter 解决实际问题的积极性，在日常生活与学习中进行创新活动。
	信息社会责任	体会利用人工智能技术实现生活中的语音对话，感受人工智能应用给学习和生活带来的便利，体会人工智能带来的社会变化，不断增强信息社会责任意识。

4. 教学重点与难点

教学重点：语音对话的定义及应用；百度 AI 的调用过程；语音对话 API 接口。

教学难点：百度 AI 的调用；程序接口的编写。

5. 学习活动设计

本节课，我们的主要内容是完成下面两个实验。

（1）实时监测语音，输出识别结果；

（2）语音问答（用关键字判断）。

实验1：实时监测语音，输出识别结果。

（1）请同学们根据 PPT 的指导将虚谷号电子模块连接起来，如图 6-5-1 所示。

具体步骤如下：

①虚谷号与 AI 扩展板 Pin 脚对齐扣紧，用 USB 转接线连接；

②将喇叭（2个）接到喇叭专用口；

③虚谷号与电源线连接。

图 6-5-1　硬件连接图

注意：虚谷号通电之后，AI 板上绿色指示灯会闪烁几次，之后稳定常亮，为连接正常。

AI 扩展板上 2Pin 接口为喇叭专用口。

（2）打开 Jupyter，按照以下步骤操作。

步骤1：打开 Jupyter，创建文件夹，命名为"语音对话"。上传音频文件"test.wav"至文件夹。

步骤2：打开 Jupyter，输入如下代码，并执行。

```
# 实时监测语音，并输出识别结果
""" 导入库 """
import urllib3
urllib3.disable_warnings(urllib3.exceptions.InsecureRequestWarning)
from aip import AipSpeech

""" 设置认证信息，填写自己的账号信息 """
APP_ID = ' '
API_KEY = ' '
SECRET_KEY = ' '

""" 初始化AipSpeech对象 """
client = AipSpeech(APP_ID, API_KEY, SECRET_KEY)

""" 读取文件 """
def audio_to_text(wav_file):
    with open(wav_file, 'rb') as fp:
        file_context = fp.read()
    print("开始识别...")
    """ 调用语音识别接口，识别本地文件 """
    res = client.asr(file_context, 'wav', 16000, {
        'dev_pid': 1537,
    })
    res_str = res.get("result")[0]
    return res_str

ret_s = audio_to_text("test.wav")
print(ret_s)
```

注意：直接运行上述程序会出现错误，因为程序中设置认证信息的位置并没有认证信息，所以运行程序前，需要填写自己的 ID、API_KEY、SECRET_KEY。

（3）实验结果。

程序执行之后，给出识别结果，如图 6-5-2 所示。

开始识别...
1234567。

图 6-5-2　实时监测语音识别结果

实验 2：语音问答（用关键字判断）。

打开 Jupyter，输入如下代码，并执行。

```python
# 语音问答（关键词提示）
"""导入库"""
import pyaudio
import wave
import os
from aip import AipSpeech

""" 设置认证信息，填写自己的账号信息 """
APP_ID = ' '
API_KEY = ' '
SECRET_KEY = ' '

""" 初始化AipSpeech对象 """
client = AipSpeech(APP_ID, API_KEY, SECRET_KEY)

""" 参数设置 """
CHUNK = 1024
FORMAT = pyaudio.paInt16
CHANNELS = 1
RATE = 16000
RECORD_SECONDS = 3

""" 录音处理 """
def rec(file_name):
    p = pyaudio.PyAudio()
    stream = p.open(format = FORMAT,
                    channels = CHANNELS,
                    rate = RATE,
                    input = True,
                    frames_per_buffer = CHUNK)
    print("开始录音,请说话...")
    frames = []
    for i in range(0, int(RATE / CHUNK * RECORD_SECONDS)):
        data = stream.read(CHUNK)
        frames.append(data)
    print("录音结束!")

    stream.stop_stream()
    stream.close()
    p.terminate()

    wf = wave.open(file_name, 'wb')
    wf.setnchannels(CHANNELS)
    wf.setsampwidth(p.get_sample_size(FORMAT))
    wf.setframerate(RATE)
    wf.writeframes(b''.join(frames))
    wf.close()
    return file_name
```

```
""" 将录音转化为文字 """
def audio_to_text(wav_file):
    with open(wav_file, 'rb') as fp:
        file_context = fp.read()
    print("正在识别语音...")
    res = client.asr(file_context, 'wav', 16000, {
        'dev_pid': 1536,
    })
    if (res["err_msg"] == "success."):
        res_str = res.get("result")[0]
    else:
        res_str = "错误，没有识别出任何内容！"
    return res_str

""" 将文字转为语音并朗读 """
def tts(txt):
    result = client.synthesis(txt, 'zh', 1, {'vol': 5,})
    # 识别正确返回语音二进制 错误则返回dict 参照下面错误码
    if not isinstance(result, dict):
        with open('auido.mp3', 'wb') as f:
            f.write(result)
        os.system('play auido.mp3')
```

```
shici = ['床前明月光', '疑是地上霜', '举头望明月', '低头思故乡']    # 添加诗词库
shici.extend(['大漠沙如雪', '燕山月似钩', '何当金络脑', '快走踏清秋'])
shici = shici + ['海上生明月', '天涯共此时']
print(shici)

os.system('play start.mp3')                                # 播放提示语
ret_s = audio_to_text(rec("input.wav"))                    # 开始录音
print(ret_s)
for i in range(len(shici)//2):
    # print(shici[i*2-1])
    if shici[i*2] in ret_s:
        back = shici[i*2+1]
        break
    else:
        back = "在下才疏学浅，甘拜下风。"
print(back)
tts(back)                                                  # 输出语音
```

实验结果：

程序执行后，当用户说"床前明月光"，虚谷号会说"疑是地上霜"，接上音箱后，将听到女声的朗读。

```
['床前明月光', '疑是地上霜', '举头望明月', '低头思故乡', '大漠沙如雪', '燕山月似钩', '何当金络脑', '快走踏清秋', '海上生明月', '天涯共此时']
开始录音,请说话...
录音结束!
正在识别语音...
/usr/lib/python3/dist-packages/urllib3/connectionpool.py:794: InsecureRequestWarning: Unverified HTTPS request is being made. Adding certifi
cate verification is strongly advised. See: https://urllib3.readthedocs.org/en/latest/security.html
  InsecureRequestWarning)
床前明月光
疑是地上霜
开始录音,请说话...
录音结束!
正在识别语音...
举头望明月
低头思故乡
开始录音,请说话...
录音结束!
正在识别语音...
大漠沙如雪
燕山月似钩
开始录音,请说话...
录音结束!
正在识别语音...
妈妈这个了
在下才疏学浅,甘拜下风。
开始录音,请说话...
```

注意：因本课程为实验课程，所有代码知识及结构都以注释的形式标注在程序中，并不需要具体地讲解代码的详细内容，只需要针对不同学生遇到的问题做针对性答疑就可以了。

6. 作业与拓展学习设计

请与生活相结合，连接"图灵机器人"，实现对话。

（1）利用互联网查找资料，了解"图灵机器人"是什么。

（2）尝试连接"图灵机器人"，实现对话功能。

说明：根据全课程的设计理念，一个项目分为基本和进阶两个部分，前面3个实验属于基础部分，该实验属于进阶部分，供学有余力的学生完成。

7. 特色学习资源分析、技术手段应用说明

（1）采用多样化工具辅助教学

在课程教学中，使用虚拟电子模块教学与百度 AI 开放平台相结合，让学生能够直观地了解语音识别的实现过程。

（2）采用体验探究的教学方式

学生体验使用 Python 实现对百度 AI 的接入和调用，从而加深对语音识别的认识。

8. 教学反思与改进

由于学生的基础不同，尤其是对百度 AI 开放平台和 Python 的掌握程度不同，教师可能需要适时增加一些对基础知识的讲解。

本章回顾与反思

小结

总结一下这一章的内容，可以用下图一览全貌。

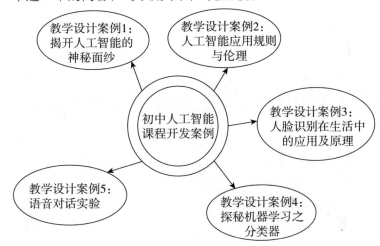

回顾与反思

通过这一章的学习，请尝试思考以下问题：

1. 使用双师课堂的方式，设计一节初中人工智能课程内容并实施。

2. 结合学校人工智能课程实践的实际情况，初中人工智能课程资源和课堂教学过程中还存在哪些问题？应该怎样有效地解决？

3. 请综合使用形成性评价、诊断性评价和终结性评价对一节初中人工智能课堂教学的效果进行评价。

第七章 高中人工智能课程的开发

目前，人工智能学科建设已经取得一定的成绩，但高中阶段人工智能的相关课程还有待进一步开展和推广。高中人工智能课程的目标是什么？它与小学、初中人工智能课程目标有什么不同之处？在高中人工智能课程实施之前，要选取什么样的课程内容？选择什么样的教学方式才有利于课堂活动？需要准备哪些相关的软硬件？从哪些方面评价高中人工智能课程？评价的方法有哪些？这些都是在高中人工智能课堂教学之前需要注意的内容。

本章学习目标：

●了解高中人工智能课程的目标；

●了解高中与小学、初中人工智能课程内容的区别；

●在高中人工智能课程实施之前，会选择合适的教学方式方法，配备课程资源；

●了解评价高中人工智能课程的方法、评价的内容。

一、高中人工智能课程的目标确定

随着人工智能技术的进步与新型教育的开展，人工智能的教育内涵不断发生变化，教育目标定位也在不断变化。在教育信息化初期，人工智能的教育目标定位于讲授简单的计算机技能，而现在它应当更注重学生计算思维能力的发展，使高中学生能够应对智能社会的要求。因此，在提倡终身学习的大趋势下，人类的信息素养应当发生相应的变化，培养人类的编程技能与计算思维能力相当重要。（姚玉华 等，2019）在高中阶段，可以通过编程教育、机器人教育、数据分析的案例或项目实践，提升学生的创造创新能力及计算思维能力。

（一）确定课程目标的依据

高中人工智能课程目标可以参考《普通高中信息技术课程标准（2017 年版 2020 年修订）》，如表 7-1-1 所示是高中信息技术课程标准中人工智能模块的设置。在选择性必修 4 和选择性必修 1 中都有与人工智能相关的教学内容。

表 7-1-1　高中信息技术课程标准中的人工智能模块

学段	模块类别	模块名称	教学目标
高中	选择性必修课程模块 4	人工智能初步	了解人工智能的发展历程及概念，能描述典型人工智能算法的实现过程，通过搭建简单的人工智能应用模块，亲历设计与实现简单智能系统的基本过程与方法，增强利用智能技术服务人类发展的责任感。

学段	模块类别	模块名称	教学目标
高中	选修课程模块 1	算法初步	理解利用算法进行问题求解的基本思想、方法和过程，掌握算法设计的一般方法；能描述算法，分析算法的有效性和效率，利用程序设计语言编写程序实现算法；在解决问题的过程中能自觉运用常见的几种算法。

（二）课程目标

1. 总体目标

科学持续地实施人工智能课程，需要明确课程的价值和培养目标。学生不仅仅是人工智能的使用者，还是未来社会的创造者。基于此，要想让学生能够适应未来世界发展并有所作为，学校现阶段就要帮助学生从记忆、重复计算中解放出来，转而注重对学生思维的培养。

《普通高中信息技术课程标准（2017 年版 2020 年修订）》指出，计算思维是信息技术学科四大核心素养之一。计算思维是运用计算机科学的基础概念（即思想和方法）去求解问题、设计系统和理解人类行为。典型的计算思维包括一系列广泛的计算机科学的思维方法，包括递归、抽象和分解、保护、冗余、容错、纠错和恢复等。人工智能课程要注重培养学生在具体问题中寻求解答、在不确定情境中解决问题的能力，利用顺序结构、循环结构和判断结构帮助学生进行方案规划、模型调整和项目实现，从而使学生进一步理解人工智能技术。

2. 核心素养四维目标

学科核心素养是学科育人价值的集中体现，是学生通过学科学习而逐步形成的正确价值观、必备品格和关键能力。高中信息技术学科核心素养由信息意识、计算思维、数字化学习与创新、信息社会责任四个核心要素组成。它们是高中学生在接受信息技术教育过程中逐步形成的信息技术知识与技能、过程与方法、情感态度与价值观的综合表现。四个核心要素互相支持，互相渗透，共同促进学生信息素养的提升。

根据四维目标的划分，将高中人工智能课程的具体目标进行细分，如表 7-1-2 所示。

表 7-1-2　高中人工智能课程的具体目标

信息意识
●能够根据解决问题的需要，自觉、主动地寻求恰当的方式获取与处理信息，分析数据中所承载的信息，对信息可能产生的影响进行分析，为解决问题提供参考。 ●主动学习人工智能知识，具有自主动手解决问题、掌握前沿技术的意识。
计算思维
●学会运用计算思维识别与分析问题，抽象特征，建立结构模型，运用合理的算法设计系统性的解决方案，并对其进行反思和优化。 ●有意识地总结解决问题的方法，并将其迁移到相关的其他问题的求解中。 ●通过编程教育、数据分析的案例或者项目，提升学生的创新能力及计算思维能力。
数字化学习与创新
●借助技术多样、资源丰富的数字化环境和在线学习平台，掌握数据、算法、信息系统、信息社会等领域的知识，具备利用信息科技进行自主学习和合作学习的能力，与合作伙伴协作设计和创作人工智能作品。 ●在数字化学习与创新过程中形成对人与世界的多元理解力，负责、有效地参与到社会共同体中，成为数字化时代的合格中国公民。
信息社会责任
●具有一定的信息安全意识和能力，自觉遵循信息社会的伦理道德规范，了解人工智能技术带来的便利与安全挑战。辩证地认识到人工智能对未来发展的巨大价值和潜在威胁，增强安全防护意识和社会责任感。 ●对于出现的人工智能技术新观念和新事物，具有积极学习的态度和理性判断的能力。 ●合理使用人工智能技术解决在生活和学习中遇到的问题，在应用人工智能时自觉遵守规范，既能有效维护信息活动中个人的合法权益，又能积极维护他人的合法权益和公共信息安全。

二、高中人工智能课程的内容确定

（一）课程内容的选择

小学人工智能课程主要以体验人工智能技术在生活中的应用为主，初中人工智能课程主要以感悟人工智能的用途为主。高中生的逻辑思维处于不断发展的阶段，高中人工智能课程对高中生提出了更高的要求。高中生应该具备的是创新创造能力，不仅要了解人工智能的概念和历史，能列举人工智能的主要应用领域，还要能利用一种人工智能语言求解简单的实际问题，会使用专家系统来处理逻辑推理的问题。

高中生具有一定的信息化基础，从内容安排上看，可以让学生理解人工智能的基本概念，人工智能的发展历史，人工智能的相关技术，以及实现人工智能的典型算法。高中的人工智能课程应重点增强学生的计算思维。（谢忠新，2017）通过程序设计及实践，学生的计算思维才能得到锻炼和提高。程序设计是计算思维能力提升的重要方法之一，因为程序设计过程可以让计算思维这个抽象的概念变得具体，可以成为培养高中生计算思维的工具。（谢忠新 等，2019）

高中人工智能课程的内容选择，难度不宜过大，要考虑高中生的知识基础。随着高中生抽象思维能力的提升，可通过以问题为导向的方法来进行项目式教学，让学生掌握 Python 语言，为后续利用代码驱动硬件做好准备。

人工智能课程的教学内容具体可分为四个层面，即人工智能通识、人工智能技术、人工智能系统、态度与价值观，高中人工智能课程的具体教学内容如下。

1. 第一学段（高中 1 年级）

这个阶段主要关注人工智能通识以及态度与价值观层面的内容。

（1）人工智能通识

人工智能通识层面主要从人工智能概念、人工智能的起源与流派、人工智能研究应用现状三个方面进行教与学。高中第一学段（高中 1 年级）主要是要探究人工智能的发展脉络，从不同的角度去研究人工智能问题，具体如表 7-2-1 所示。

表 7-2-1　高中 1 年级人工智能课程通识层面内容

人工智能概念	1. 人工智能是会学习的计算机程序，能根据对环境的感知，做出合理的行动，并获得最大收益。 2. 知道人工智能需要机器具有感知、识别、认知、推理、判断、预测、学习以及行动能力，即思考与行为能力。 3. 了解人工智能的研究领域：机器学习、专家系统、计算机视觉、自然语言处理、语音处理、机器人。
人工智能的起源与流派	1. 了解达特茅斯会议主要参与者的主要成就。 2. 了解图灵测试问题设计，学会向机器提问题。 3. 探究人工智能三大主义和五大学派的主要观点、主要成就、代表性人物。
人工智能研究应用现状	1. 人工智能加速发展，呈现出深度学习、跨界融合、人机协同、群智开放、自主操控等新特征。 2. 人工智能是计算机科学、数学、自动化、生理学、心理学和哲学等相结合的学科，可以从不同的角度去研究人工智能问题。

（2）态度与价值观层面

态度与价值观层面要从人工智能与社会、人工智能与人类、伦理道德与责任三个方面来培养学生对人工智能的态度与价值观。高中第一学段（高中 1 年级）要能够认识到隐藏在数据集中的偏见观点与算法歧视问题，思考如何避免人工智能技术应用带来的"数字鸿沟"问题，能够理解人机共存的伦理规范，具体如表 7-2-2 所示。

表 7-2-2　高中 1 年级人工智能课程态度与价值观层面内容

人工智能与社会	1. 理解智能社会对人才的需求变化，具备在全球视野下审视人工智能发展的能力。

人工智能 与社会	2. 人工智能正在引发新一轮的科技革命和产业革命。 3. 几乎所有技术都会对社会产生影响。为避免人工智能对社会带来重大负面影响，我们需要在限制条件下发展人工智能。 4. 大数据和算法是人工智能的核心，但大数据资源被垄断掌握，算法歧视不透明，这些问题将导致社会不公正。 5. 人工智能技术的健康发展和使用需要完善的法治体系来支撑。
人工智能 与人类	1. 人工智能不仅能模拟人的感知和行为，也可以模拟人脑思维，并有可能会超越人类。 2. 从技术发展的长期趋势来全面分析人工智能可能给人类的未来带来的机遇和挑战。
伦理道德 与责任	1. 人工智能技术的使用可能带来预期的和非预期的结果，这些结果对不同的人群可能是不同的，并且可能会随着时间的推移而改变。 2. 能够意识到未来人工智能社会需要有新的伦理要求，能够理解人机共存的伦理规范。 3. 分析未来人工智能的完全自主行为的模式（范式），以及将会引发什么样的伦理问题。

2. 第二学段（高中 2 年级）

这个阶段重点关注人工智能技术层面。人工智能技术层面主要从人工智能原理与算法、人工智能工具与产品、人工智能编程三个方面进行教与学。高中第二学段(高中 2 年级)学生应具备基本的编程能力，具备一定的算法分析能力，亲历设计与实现简单智能系统的基本过程与方法，具体如表 7-2-3 所示。

表 7-2-3 高中 2 年级人工智能课程人工智能技术层面内容

人工智能原理与算法	1. 从实现角度而言，人工智能是运用数学模型设计求解算法，然后运行程序代码得到结果。推理、搜索和学习是人工智能实现所采用的主要方法。 2. 针对某个具体的人工智能问题，能设计方案并解决该问题。对技术进行评估，探讨改进该技术的可能性。 3. 理解算法的正确性、可读性、健壮性，掌握算法分析的一般方法和过程。 4. 了解人工智能的核心算法，如启发式搜索、线性回归、K 近邻算法、决策树、支持向量机、K 均值算法、贝叶斯分类器、人工神经网络等。 5. 能够针对限定条件的实际问题进行数据抽象，选择合适的算法编程实现并解决问题。

人工智能工具与产品	1. 不同人工智能工具在功能、性能和使用方式上各不相同。了解不同的人工智能工具的特性，针对具体任务选择最佳的工具。 2. 人工智能不是单一的技术或工具，一个完整的人工智能应用系统需要采用多种人工智能技术和工具，这些技术相互关联、协同工作。 3. 能够使用合适的人工智能技术和工具来完成具体的人工智能任务，包括数据获取、数据分析和结果呈现。
人工智能编程	1. 学习人工智能热门编程语言 Python，能完成输入、处理、输出操作，具备以函数、模块和类等形式抽象为目标的基本编程能力。 2. 掌握 jieba、NumPy、Scikit-learn、Matplotlib 等第三方库，熟悉一种人工智能开源框架。 3. 编程演示语音识别、自然语言处理、计算机视觉工作原理。 4. 利用我国新一代人工智能开放创新平台，搭建简单的人工智能应用模块，并能根据实际需要配置适当的环境、参数及自然交互方式等。 5. 亲历设计与实现简单智能系统的基本过程与方法，充分利用丰富的开源硬件和人工智能应用框架等资源，搭建面向实际生活的应用场景。

3. 第三学段（高中 3 年级）

这个阶段重点关注人工智能系统层面。人工智能系统层面主要从系统工程、系统设计与开发、系统评估与维护三个方面进行教与学。高中第三学段（高中 3 年级）的学生要初步掌握系统工程方法，知道人工智能系统通常需要在期望目标和限制条件之间进行权衡，能从不同系统设计方案中甄选合适的设计方案，并说明理由，具体如表 7-2-4 所示。

表 7-2-4　高中 3 年级人工智能课程人工智能系统层面内容

系统工程	1. 一个系统的稳定性取决于它的所有组成部分，更复杂的系统趋向于需要更多的资源，更容易受到错误和失败的影响。 2. 知道多数系统都被嵌入在更大的技术、社会、自然和环境系统中。 3. 检查一个系统，预测它在给定情况下如何使用给定的一组输入获得输出。分析如果系统的组件或交互方式发生变化，其性能如何变化。 4. 给定一个系统的目标和部分组件，实现一个中等复杂的系统解决方案，并能够重新设计系统解决方案以提高效率。

系统设计与开发	1. 了解系统设计时需要对成本和收益进行系统的比较，并能够对系统设计进行优化。 2. 人工智能系统设计通常需要在期望目标和限制条件之间进行权衡。 3. 使用系统工程的方法来解决一个中等难度的人工智能问题，交流、沟通系统的设计过程。
系统评估与维护	1. 考虑成本和技术，确定一个人工智能产品应该需要维护多久，以及什么时间应该重新设计，以消除频繁的故障，减少定期维护的成本。 2. 使用逻辑推理（如故障树）和适当的诊断工具，分析系统故障，制定修复策略。 3. 分析一个中等复杂的人工智能系统以确定可能失败的原因，找出最有可能的故障点，并推荐安全措施以避免失败。

（二）高中人工智能课程的开发案例介绍

由于人工智能课程是选修课，所以教师在选取课程内容时应以高中信息技术课程标准和课程目标为基础，注重内容的趣味性，以引发学生学习人工智能课程的兴趣。Python语言是进入人工智能领域的敲门砖，它有丰富多样的库和工具。

鉴于此，本书第八章首先以词频统计案例为例，介绍了 Python 语言模块化程序设计，然后选取了代码库和数据集公开的一些案例，主要包括：词频统计、你走我也走、三种漂亮的鸢尾花、手写数字图片的识别、骑士解救公主游戏这五个项目的内容，为高中生课堂练习提供了很大的方便，具体教学内容如表7-2-5所示。

表 7-2-5　中学人工智能课程的教学内容

序号	项目名称	主要任务	主要教学内容与要求
1	词频统计	针对两个模型——词频统计和排序分别设计算法，找出出现频次最多的词	实践列表应用、字典应用和文件读写，学习第三方库应用。 体验 Python 语言模块化程序设计的优势，统计出《三国演义》中出现频次最多的词。

序号	项目名称	主要任务	主要教学内容与要求
2	你走我也走	利用KCF算法处理目标跟踪的问题	理解目标跟踪算法的基本原理，初步理解什么是目标跟踪。 在Visual Studio Code编辑器中，借助Python3、OpenCV等编程工具，利用目标跟踪算法——KCF算法来实现对目标的实时跟踪。
3	三种漂亮的鸢尾花	利用支持向量机识别三种鸢尾花	理解支持向量机的基本原理，初步理解什么是支持向量机。 学会如何利用支持向量机来处理分类问题。 在Visual Studio Code编辑器中，利用Python编程，有效解决数据分类问题，识别出三种不同的鸢尾花。
4	手写数字图片的识别	利用卷积神经网络识别手写数字图片中的数字	初步理解什么是卷积神经网络，了解卷积神经网络的基本原理。 利用卷积神经网络来处理图像识别问题。 在Visual Studio Code编辑器中，利用Python编程和卷积神经网络技术，训练LeNet神经网络识别手写数字图片中的数字。
5	骑士解救公主游戏	利用强化学习——Q-learning算法设计骑士解救公主的游戏	初步理解什么是强化学习，了解强化学习——Q-learning算法的基本原理。 在Visual Studio Code编辑器中，利用Python编程和强化学习——Q-learning算法，有效地完成设计骑士解救公主游戏的任务。

三、高中人工智能课程的实施计划

　　编程教育是信息技术国家课程的重要组成部分，在国家和教育部门的倡导下得到了广泛的发展。编程作为实现人工智能技术的基础和关键，同样需要融入高中人工智能课程中。考虑到课时的限制，人工智能课程中的编程内容应当结合人工智能具体内容，设计直观化、便捷化的编程工具，避免不必要的编程知识的学习，让学生在模仿体验已有的人工智能程序的基础上，通过参数修改、构建数据集等方式形成自己的程序。

（一）教学课时分配

高中人工智能课程的课时分配，应结合高中人工智能课程的难易程度和《普通高中信息技术课程标准（2017 年版 2020 年修订）》中对周课时量分配的建议，从以下两个方面来考虑。

首先，要保证每周的课时量。鉴于信息技术课程已经从综合实践活动课程中独立出来，高中各年级每周可以从信息技术课程中至少安排 2 个课时用于人工智能教学。同时，还可以以兴趣班和夏令营等形式，遴选有人工智能兴趣爱好的学生，开展线上或线下的拓展课程。

其次，要根据实际情况灵活安排课时。对于原理性的内容和实操的内容较多的课程，可以适当增加课时。如果部分欠发达地区的高中生存在"零起点"的情况，建议学校可以根据自身的情况，采取小规模短时间补课、课间开放实验室、分类教学等各种针对性的措施，这样就能让每一个学生都能得到发展。假如某个模块的学习需要低学段相关模块的知识作为基础，而学生缺乏这种基础，那么学校还可以参考低学段的相关模块，适当增加课时开设相关的课程。比如，如果学生在初中阶段没有学习过算法和程序设计模块，那么在高中阶段，就可以参照初中阶段的算法与程序设计模块的内容来进行学习。

为了提高高中生对人工智能课程的兴趣，我们在第八章中选取了与日常生活密切相关并且实践性较强的五个案例：词频统计、你走我也走、三种漂亮的鸢尾花、手写数字图片的识别、骑士解救公主游戏为代表进行教学，如表 7-3-1

所示是这五个案例的具体课时分配。

表 7-3-1　高中人工智能课程的课时分配

课程名称	模块	项目名称	课时分配
高中人工智能课程	算法设计篇	词频统计	1
		你走我也走	1
		三种漂亮的鸢尾花	1
		手写数字图片的识别	1
		骑士解救公主游戏	1

（二）课程教学方式建议

教育各界人士对教学、教法的研究从未停止过。教学方式的运用和创新是各级学校提升教学质量的需要，也是培养学生全面发展的需要。第三章中介绍了课堂教学中常用的以问题为导向和以项目为导向的两种教学模式，以及常用的教学方法：讲授法、演示法、任务驱动法和小组讨论法。教师可以借鉴这些方法，开展多样化的教学。例如，对于人工智能课程中涉及的许多概念和原理，采用讲授法是比较有效的；而任务驱动法应用于人工智能课堂的教学，可以培养学生的解决问题的能力，并促进其思维的发展。《普通高中信息技术课程标准（2017 年版 2020 年修订）》将"培养解决问题的能力"作为课程的基本理念之一，强调要"结合高中学生的生活和学习设计问题，让学生在活动过程中掌握应用信息技术解决问题的思想和方法"。

除了第三章中提到的讲授法、演示法、任务驱动法和小组讨论法之外，在高中的人工智能课堂教学中，还有另一种重要的教学方式——案例教学法。

在传统的教学方法中，教师是一位很有学问的人，扮演着知识传授者的角色。而人工智能是一门应用性很强的学科，如果用传统的教学方法，只注重知识的传授，忽略知识的运用，就谈不上培养学生的主动学习能力了。案例教学法（case-based teaching）是一种以案例为基础的教学法，案例本质上是创设一种问题情境，该情境没有特定的解决之道，而教师在教学中扮演着设计者和激励者的角色，以案例中提出的问题为起始点，以问题表征和问题解决为教学过程，鼓励学生积极参与讨论。案例教学法有以下特点：

● **鼓励学生独立思考**。传统的教学只告诉学生怎么去做，在一定程度上损害了学生学习的积极性和学习效果。但案例教学法不会告诉学生该怎么办，而是要学生自己去思考、去创造，使枯燥乏味的灌输式被动学习变成生动活泼的积极主动式学习，每位学生都要就自己和他人的方案发表见解。通过这种交流，一是可以取长补短，促进学生人际交流能力的提高；二是能起到激励学生的效果。

● **引导学生变注重知识为注重能力**。学生不应一味地学习书本中的死知识而忽视实际能力的培养，这样对自身的发展十分不利，而应该注重锻炼主动思考的能力，注重培养自身能力。

● **重视双向交流**。传统教学方法是老师讲、学生听，学生听没听、听懂多少，要到最后的测试时才知道，而且学到的都是死知识。在案例教学中，学生拿到案例后，先要进行消化，这无形中加深了对知识的理解，而且这种活动是主动的。学生还要经过缜密的思考，提出解决问题的方案，无形中就提升了学生解决问题的能力。同时学生的答案要教师加以引导，这也促使教师加深思考，根据不同学生的不同理解不断补充新的教学内容。双向的教学形式对学生和教师都提出了更高的要求。

高中人工智能的课程内容中有一些程序语言和科学名词，这些内容比较生涩难懂，难度较大，会让高中学生对人工智能课程产生抵触情绪。而案例教学却能将抽象的知识隐藏于生活中能接触到的生动的案例中，学习这些有趣的案例，可以调动学生学习人工智能的兴趣，进而培养他们观察、探索、推理等能力，发挥他们的抽象思维和逻辑思维的潜能。比如，在介绍人工智能如何解决城市安全问题时，可以通过案例教学方式，在教学中合理地创设问题情境，使学生在理解和分析人工智能案例情境的基础上，分析问题、解决问题，通过各种生活中的应用实例来生动地向学生展现人工智能给我们的生活带来的便利。

教无定法，要有效地开展高中人工智能课堂教学，就必须结合高中生的认知水平和高中人工智能课程自身的特点，认真研习课程标准，结合实际情况，综合应用各种教学方法，探索出适合自己学校的高中人工智能课程的教学方法，以促进高中人工智能课程的顺利开展。

（三）教学环境配置

根据高中人工智能课程的内容特点，建议教学环境配置情况如下：

1. 校外人工智能教育资源

相较高中，大学往往有着更先进的人工智能实验室、高端的设施设备、硕博研究生及高校教授等资源，这些都是高中自身缺乏但又很重要的优质教育资源。在学校自身条件不足又需要前沿的人工智能硬件和技术指导时，可以考虑以下几点。

（1）配备大学师资。根据学校的育人目标，大学与高中共同规划研发人工智能课程，配备相应的大学师资到学校指导。

（2）建立交流机制，开发师资。大学与高中定期召开资源开发建设沟通会，邀请大学院系教授代表及高中相应课程负责人参加。高中可根据高中课程目标筛选、对接大学相关学院，学院可提供课程内容资源，建立起高中学科组与大学院系之间的沟通交流机制。根据高中人工智能的课程设置确定指导师资，就高中人工智能课程的培养目标进行深入分析探讨，建立和完善高中人工智能课程的课程内容体系。

（3）开发创新实验室。大学实验室往往有较好的设施资源，可以优先考虑充分利用大学现有的学习空间资源。如果大学实验室不能满足需求，则可以与大学院系共同制定高中创新实验室的建设方案。方案完善后，可以上报给教育主管部门，申请财政资金支持。

2. 教学硬件环境配置

高中人工智能课程的教学对硬件设备要求较高，在开设课程之前，要尽量为学生和教师提供丰富的物质条件，例如可供查阅资料的图书馆、人工智能实验室，以便教师进行实操展示，方便学生查阅资料和编程设计，以完成相应的课堂教学活动。

3. 教学软件环境配置

高中人工智能教育肩负着培养学生编程技能的重担，学生使用的计算机建议装有 Windows 操作系统，能够支持相应的教学软件安装（例如，如图 7-3-1 所示的 Visual Studio Code 编辑器）及 Python 资源包的下载与安装，为教师上课提供良好的软件支持。

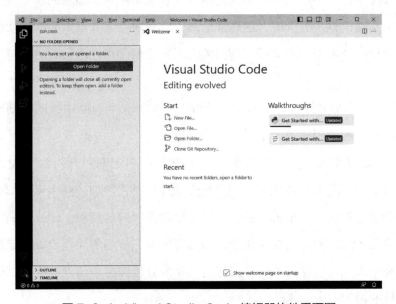

图 7-3-1　Visual Studio Code 编辑器软件界面图

Visual Studio Code（简称 VSCode/VSC），是一款免费开源的现代化

轻量级代码编辑器，支持几乎所有主流的开发语言，该编辑器集成了一款现代编辑器应该具备的所有特性，包括语法高亮（syntax high lighting）、可定制的热键绑定（customizable keyboard bindings）、括号匹配（bracket matching）及代码片段收集（snippets）；软件跨平台支持 Windows、macOS 以及 Linux；针对网页开发和云端应用开发做了优化；支持插件扩展。得益于开源、免费，以及扩展支持，Visual Studio Code 现在已经有大量的扩展插件了，插件资源相当丰富，完全可以满足高中人工智能教学的需求。

四、高中人工智能课程的评价

（一）评价的目的

评价是高中人工智能课程教学的有机组成部分，人工智能课程教学应基于信息技术学科核心素养展开。教师可以综合运用多种评价手段，使评价在教学中起到有效导向的作用。评价的主要目的是促进学生的学习，改善教师的教学，完善教学方案的设计。评价的合理实施，可以不断提高教师的教学水平，激发学生学习、应用人工智能知识与技术的兴趣，帮助学生逐步提升信息素养。

（二）评价的方法

在第三章中，我们讲到了课堂教学评价的方法，比如相对评价、绝对评价、个体内差异评价、形成性评价、诊断性评价、终结性评价等。

人工智能是应用型学科，所以要注重人工智能知识在实际生活中的应用和学生实践能力的培养，高中人工智能教学评价更多的要注重学生在解决问题过程中的表现，注重学生参与课堂讨论的程度等。因此，在高中人工智能教学评价中用得较多的是形成性评价和观察法评价，这两种评价不仅能评价学生"学到了什么"，而且可以评价学生"能做什么"，能对学习的效果、过程以及与学习密切相关的非智力因素进行全面的评价。

《普通高中信息技术课程标准（2017年版2020年修订）》指出，在信息技术教学过程中，应通过灵活多样的评价方式激励和引导学生学习，培养学生的信息素养。教师应注意观察学生实际的技术操作过程及活动过程，分析学生典型的信息技术作品，全面考察学生信息技术操作的熟练程度和利用信息技术解决问题的能力。建议教师在向学生呈现评价结果时，多采用评价报告、学习建议等方式，适当采用鼓励性语言，激发学生内在的学习动机，帮助学生明确自己的不足和努力方向。因此，在进行形成性评价时，要针对不同评价内容和相应的课堂目标，选择适当的评价方法，并灵活应用。

例如，在评价"使用灯语交流信息"项目活动的课程时，可以设计三个活动："用手电筒传递信息""用计算机识别灯语""用计算机网络实现灯语远程交流"，让学生设计并通过计算机网络实现灯语自动化发送和解码，从而学习根据实际需求，设计方案并用计算机解决问题的方法，培养学生的计算思维。

教师通过观察学生完成这三个活动的情况，来对学生的学习效果进行评价。通过组织"用计算机识别灯语"活动，观察不同的学生编程的水平，向程度较差的学生提供程序功能模块，让学生编程时直接调用；组织程度较好的学生完成"用计算机网络实现灯语远程交流"活动，指导学生完成灯语发送和解码的自动化。以学生在运用人工智能技术解决实际问题过程中的表现和成果作为评价依据，全面评估学生的操作能力、运用人工智能技术解决实际问题的能力、与人合作的能力、相关情感态度的形成等。

在评价过程中，还应尊重学生的水平差异和个体差异，要创造条件让学生主动参与到评价中，增强高中生自主评价的积极性。要注重学生在不同起点上的提高程度，而不仅仅是看他们是否都达到了某一共同标准。要综合应用多种评价方式，全面考察学生信息素养的养成。

（三）评价的内容

1. 学生评价

高中阶段的学生评价内容主要包括以下几个方面。

（1）信息意识

信息意识包括：理解使用（学生在复杂的情境中，能确定信息的关键要素，挖掘核心价值，确定解决问题的路径）；服务意识（学生具备服务信息社会，为信息社会积极贡献的意识）。

（2）计算思维

计算思维包括：思想得当（学生具备计算思维，能对复杂的问题进行抽象、分解、建模，并通过设计算法，实现问题的整体解决；能尝试模拟、仿真、验证解决问题的过程，反思、优化解决问题的方案，并将其迁移运用于解决与学习和生活相关的其他问题中）；方法得当（学生掌握人工智能课程学习的基本方法，注重各个学科之间知识的融合）。

（3）数字化学习与创新意识

数字化学习与创新意识包括：数字化学习（根据学习任务的复杂程度和个体学习需求的特点，合理运用数字化环境，主动参与协作学习与协同创作）；实践创新（能够独立或合作开发支持人工智能学习的个性化学习资源，实现知识创新）。

（4）信息社会责任

信息社会责任包括：社会责任（能从发展的角度，理解信息法律法规、信息伦理道德规范的合理性；在信息活动中，掌握保护个人、他人权益和自觉维护健康信息环境的手段和方法）。

2. 课堂教学评价

高中课堂教学评价可以分为对课堂教学设计、课堂教学过程、课堂教学效果的评价。

（1）课堂教学设计

教师教学设计的好坏将会直接影响课程的实施和课堂教学的效果。教师的课堂教学设计应包括确定教学目标和设计教学内容。

● **教学目标**

教师在设计高中人工智能课堂教学的过程中，所确立的教学目标既要符合《普通高中信息技术课程标准（2017 年版 2020 年修订）》中有关人工智能内容部分的要求，又要适应高中生的年龄特点和知识基础。

例如，在学习"分类的有力工具——决策树"时，教师可以根据高中人工智能课程的四维目标，确立使学生理解决策树算法的构建过程和工作过程的教学目标和让学生掌握决策树解决分类问题的一般思路，并能够使用决策树算法解决实际问题的教学目标，培养学生的信息素养、锻炼学生计算思维能力，增强学生数字化学习与创新能力。

● **教学内容**

教学内容的安排和设计是课堂教学评价的基本评价指标之一，也是课堂教学的主要任务。

高中人工智能课堂的教学内容要紧密围绕既定的教学目标进行安排，让学生在理解人工智能技术原理的同时，模仿体验已有的人工智能程序，并通过参数修改、构建数据集等方式形成自己的程序。在课程的最后适当加入拓展模块，供学有余力的学生在课外尝试实践，重视知识的创新。

（2）课堂教学过程

课堂教学过程包括教学行为和学生表现。

● **教学行为**

高中的人工智能课堂教学，应基于《普通高中信息技术课程标准（2017

年版 2020 年修订）》来开展。由于高中人工智能课程内容涉及较多的概念和原理性知识，比如专家系统、卷积神经网络、机器学习等，因此要适当考虑采用基于问题的学习模式。教师可以适度地安排一些学习情境，根据学习目标提出相应的问题，调动学生学习的积极性，促进课堂教学目标的达成。对于技术理论较多且难以理解的内容，教师可以尽可能多地采用讲授法的方式进行教学，尽可能少地安排探究性、自主性学习，使学生较快地掌握课堂教学的内容。

基于《普通高中信息技术课程标准（2017 年版 2020 年修订）》，教学行为的评价应关注是否体现了"信息意识""计算思维""数字化学习与创新""信息社会责任"四维教学目标；是否强化了学生的课堂主体地位；在教学过程中是否可以突出重难点，是否做到循序渐进、层次清晰；教师是否根据课堂教学目标正确理解了教材所表达的意图，并结合高中生的知识基础将教材内容转化为教学内容。

● 学生表现

高中人工智能课堂教学过程中学生的表现主要是指学生对课堂教学的参与度，即参与的学生人数是否是大多数；学生是否参与了课堂教学的各个环节；学生是否能运用所学的人工智能知识，解决同类问题。

（3）课堂教学效果

高中人工智能的课堂教学效果，可以从以下两个方面来进行评价：

● 作业布置与批改

作业布置与批改是教师教学工作过程中的必要环节，布置的作业一般是考察理论性的知识，教师要注意批改方法选取的适宜性，评分与评语相结合，更应注意给学生及时的反馈和修正。

● 纸笔测试和作品展示

纸笔测试和作品展示两种评价方法各有所长，适合不同的评价内容和目标，应相互补充、综合运用。纸笔测试的效率较高，适用于短时间内对大量学生进行集中考核，适用于考核学生对人工智能基础知识的掌握和理解，但不适用于评价学生的实际操作技能。在设计纸笔测试试卷时，要控制选择题、填空题等客观题的比例，适度设置和增加要求学生通过理解和探究来解决的开放性题目，如问题解决分析、小作品设计等，以拓展纸笔测试在评价内容和评价目标等方面的广度和深度。作品展示是对学生课堂学习最终成果的展示，可以评价学生使用人工智能技术工具的熟练程度，能够考查学生利用人工智能技术解决实际问题的能力。

本章回顾与反思

小结

总结一下这一章的内容，可以用下图一览全貌。

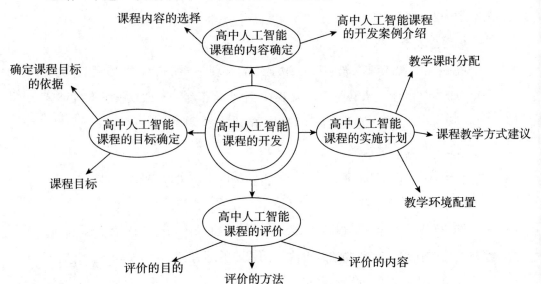

回顾与反思

通过这一章的学习，请尝试思考以下问题，然后根据高中人工智能课程的目标，试着设计一节适合高中生的人工智能课程内容。

1. 在实施高中人工智能课程之前，教师需要做哪些准备？

2. 你认为高中人工智能课程评价还有哪些方法？

第八章　高中人工智能课程开发案例

本章以高中人工智能教育的内容和目标要求为基本依据，设计了培养高中生计算思维能力的学习活动，开发了5个高中人工智能课程案例，涵盖了人工智能领域中目标跟踪、数据分类、图像识别和强化学习的相关知识。在课堂教学中，教师应该运用什么方法把人工智能的知识教给学生？在课堂中如何有效地调动学生的积极性？应该注重培养学生的哪些能力？应该从哪些方面评价一节课？本章选取了我们生活中常见的案例，对高中人工智能课程应该如何实施进行了详细的讲解。

本章学习目标：

● 根据实际情况，在实施高中人工智能课程前做好相关的准备；

● 了解高中人工智能课堂教学的各个环节，并设计一节课，让学生主动参与到课堂教学中；

● 在实施教学之后，对课程教学进行评价，并做出相应的改进。

与小学和初中阶段的学生不同的是，高中生的逻辑思维、抽象思维相对更加成熟。因此，针对高中阶段，课程的设计应当基于高中生对人工智能技术和应用的感性认知，注重人工智能教育中工程思维、计算思维的培养，同时也应当更加注重动手实践能力的培养。

在本章中，高中人工智能课程教学安排了"词频统计""你走我也走""三种漂亮的鸢尾花""手写数字图片的识别""骑士解救公主游戏"这 5 个项目的内容①。之所以选取这 5 个案例进行高中人工智能课程的授课，主要是因为这些应用在人工智能领域中比较常见，并且很多代码库和数据集都是公开的。程序编写工具选择方面没有具体要求，只要是可以对程序进行编辑调试的编辑器都可以。本章中的案例采用 Visual Studio Code 编辑器，主要是由于 Visual Studio Code 编辑器是轻量级编辑器，并且有丰富的插件系统和代码跟踪能力等。这些为高中生课堂练习提供了很大的方便。

一、教学设计案例 1：词频统计

（一）单元教学设计

单元学习主题：组合数据类型与第三方库应用。

1. 单元教学设计意图

算法与程序设计是高一年级信息技术必修模块"数据与计算"中重要的组

---

① "词频统计"由人大附中提供，袁中果执笔。"你走我也走""三种漂亮的鸢尾花""手写数字图片的识别""骑士解救公主游戏"由中国科学院自动化研究所提供，张小景执笔。

成部分，要求学生掌握一种程序设计语言的基本知识，通过解决实际问题，体验程序设计的基本流程，掌握程序调试与运行的方法。

结合学生已有的学习经验，基于现实问题和相关情境，让学生体验 Python 语言模块化程序设计的优势；培养学生使用规范化步骤解决问题的习惯（分析问题、抽象建模、设计算法、编写程序、调试测试和优化升级）；培养学生的问题解决能力和计算思维，为学生提供丰富的在线学习资源，鼓励学生积极主动地开展数字化学习。

2. 单元内容分析

这一单元的主要学习内容是：列表、字典等组合数据类型的使用，字符串内建函数 split（ ）的使用，列表操控 list（ ）函数和 sort（ ）函数的使用，匿名函数 lambds 的使用，文件读写，学会使用第三方库 jieba、image、NumPy、matplotlib 等，使用计算机解决问题的步骤和自顶向下的设计方法。

3. 学情分析

学生已经掌握了 Python 语言的基本语法和简单数据类型，学习了顺序、选择和循环等程序结构，初步体验了 IPO（Input、Process、Output）方法，但对于用计算机解决问题的步骤缺乏全面的了解，在程序调试和排错方面需要提升。学生希望结合跟他们实际学习和生活相关的项目开展学习，部分学生有较强的自我实现意识，希望设计相对复杂的程序。学生想到的项目往往过于复杂，涉及的知识和技能较多，一个人很难在一个学期内完成，会挫伤学生的学习积极性。学生需要难度适中、有趣而又相对真实的实践项目，循序渐进地学习相关知识，逐步掌握使用计算机解决问题的步骤和自顶向下的设计方法。

4. 单元教学目标与重点难点

教学目标：通过词频统计、数据可视化等项目，学生学会使用列表、字典等组合数据类型，学会文件读写和第三方库应用，体验 Python 语言模块化程序设计的优势；实践使用规范化流程解决问题的步骤（分析问题、抽象建模、设计算法、编写程序、调试测试和优化升级）；掌握自顶向下的设计方法；利用教师提供的在线学习资源，积极主动地开展个性化学习。具体的四维目标如下。

信息意识：知道选择合适的编程方法解决生活中的实际问题，增强信息意识。

计算思维：实践使用规范化流程解决问题的步骤（分析问题、抽象建模、设计算法、编写程序、调试测试和优化升级），并培养学生迁移应用解决相关类似问题的能力，发展计算思维。

数字化学习与创新：利用教师提供的在线学习资源和其他在线工具积极主动地开展个性化学习，提高数字化学习与创新能力。

信息社会责任：体验使用第三方库开展模块化程序设计的优势，树立信息共享理念。

本单元的教学重点、难点如下。

教学重点：使用计算机解决问题的步骤和自顶向下设计方法。

教学难点：字典数据类型的使用，复合列表数据的排序，lambda 函数的使用。

5. 单元整体教学思路

本单元整体教学思路如图 8-1-1 所示，计划用 5 课时完成教学任务。通过基于问题的学习，学生掌握列表数据类型（1 课时）、文件读写操作（1 课时）和字典数据类型使用（1 课时）；在此基础上，学生完成词频统计项目（1 课时）和词云图项目（1 课时），综合运用所学的知识和技能，学会第三方库调用，掌握使用计算机解决问题的步骤和自顶向下的设计方法，并利用教师提供的在线资源，积极主动地开展个性化学习。

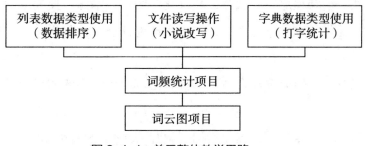

图 8-1-1　单元整体教学思路

（二）课时教学设计：词频统计

1. 教学内容分析

本节课涉及的知识和技能包括：文件读写、第三方库 jieba 调用、列表数据类型使用、字典数据类型使用、lambda 函数使用、循环结构程序设计，其中新知识包括中文文本分词、第三方库 jieba。本节课涉及使用计算机解决问题的方法训练和自顶向下设计方法的使用。

本课属于知识技能综合应用实践课和方法训练课，是对前面所学的列表、字典、文件读写等知识的巩固和提升。

2. 学情分析

本课面向的是高一年级学生，高一年级学生已经学习了 Python 程序设计的选择结构和循环结构，初步了解了函数的定义，学习过列表数据的操控、文件读写和字典数据类型的使用，但不够熟练。从以往的教学经验中感觉到学生更喜欢结合具体的项目和问题解决开展学习。学生纪律较好，自主学习能力适中，教师在教学中需要选择熟悉的问题，使学生容易理解和入门。学生学习速度存在个体差异，因此项目设置了不同的难度需求，满足不同层次学生的需要，激发学生参与的积极性。

3. 教学目标

表 8-1-1　"词频统计"教学目标

学习内容	教学目标	
词频统计	信息意识	知道选择编程方法解决词频统计问题，增强信息意识。
	计算思维	实践使用规范化流程解决词频统计问题的步骤（分析问题、抽象建模、设计算法、编写程序、调试测试和优化升级）。
	数字化学习与创新	利用教师提供的在线学习资源和其他在线工具积极主动地开展个性化学习，完成项目拓展任务。
	信息社会责任	体验使用第三方库开展模块化程序设计的优势，树立信息共享理念。

4. 教学重点与难点

教学重点：使用计算机解决实际问题的步骤。

教学难点：复杂列表数据的处理和 lambda 函数用作参数的使用方法。

5. 学习评价设计

通过课堂提问和巡视，了解学生学习的进度和遇到的困难，为学生提供实时点评、指导和帮助。

通过在线提交作业和作业批阅，记录学生学习过程，全面深入掌握学生学习情况，分别给出评语和分数反馈，在下节课中选择性地答疑和讲解。

6. 教学软硬件选择

教学软硬件选择包括《三国演义》小说文本和在线学习平台（魔灯开源课程管理平台）。

7. 教学过程

环节一：项目引入	
教师活动	学生活动
教师展示二十大报告词频统计结果和词云图。询问学生：统计这个数据有什么用？ 引出本次课的实践项目：《三国演义》中的词频统计。	学生听课并回答教师问题。
项目描述：高一年级语文老师组织同学们开展经典诵读活动，在读《三国演义》时，为了分析小说的写作特色，语文老师让同学们把小说中出现次数最多的 50 个词找出来。	
设计意图： 通过生动的案例激发学生学习兴趣，让学生了解词频统计的意义。	
环节二：分析问题	
教师活动	学生活动
引导学生理解项目，提出问题，明确要完成什么任务。 目标：找出《三国演义》中的 50 个高频词。	学生思考，回答教师的问题。
设计意图： 经历使用计算机解决问题的步骤——分析问题，明确需求。	
环节三：抽象建模	
教师活动	学生活动
引导学生抽象问题建立数学模型。 提问： 请同学们分析一下如何找出这 50 个词。该任务可转化为的可计算的数学问题是什么。 数学模型：词频统计、排序。	学生思考，回答问题。
设计意图： 经历使用计算机解决问题的步骤——抽象建模。	

环节四：设计算法	
教师活动	学生活动
引导学生针对两个模型——词频统计和排序分别设计算法。 ①分词算法 　　词频统计如何实现？需要用到什么算法？ 　　词频统计：需要分词和统计。 　　教师展示一个分词的例子：北京大学生前来应聘。 　　提问：你们知道的分词算法有哪些？ 　　学生回答后，教师罗列一些分词算法。 　　提问：不会写分词算法怎么办？ 　　引用别人设计好的分词算法。 ②统计算法 　　班级选举时怎么统计票数？我们可以如何统计单词出现的次数？ 　　根据学生描述的统计算法，画出算法流程图。从词汇表读取一个单词，判断该单词是否在统计表中。如果是，则单词次数 +1，如果不是，则将该单词加入统计表，单词次数为1。重复执行上面的操作，遍历词汇表完成统计。 ③排序算法 　　提问：你们知道的排序算法有哪些？ 　　教师罗列几种排序算法。 　　提问：不会写排序算法怎么办？ 　　引用别人设计好的排序算法。	学生思考，回答词频统计如何实现。 学生思考，回答分词算法有哪些。 学生描述投票流程，包括选票、唱票、计票。 学生描述统计算法。 学生思考，列举自己知道的排序算法。 学生思考，回答。

设计意图：

经历使用计算机解决问题的步骤——算法设计。

环节五：编写程序	
教师活动	学生活动
①介绍编写程序的 IPO 流程 　　输入（input）、处理（process）、输出（output）。 　　提问：本项目对应的 IPO 分别是什么？	学生回答，预期答案如下。 输入：三国演义文件 处理：词频统计和排序

教师活动	学生活动
②输入 　　提问：输入怎么实现？ 　　提醒学生：打开文件时要注意文件编码格式选择。 ③处理 　　第一，分词怎么实现？ 　　import jieba 　　words = jieba.lcut (txt) 　　第二，统计怎么实现，统计结果保存在哪里？ 　　字典使用 counts = {} 　　for word in words： 　　counts [word] = counts.get (word, 0) + 1 　　第三，排序算法怎么实现？ 　　教师讲解：字典数据是无序的，需要将字典转化为列表，对列表排序。 　　items = list (counts.items ( )) 　　items.sort (key=lambda x：x [1], reverse=True) 　　对于函数参数的意义解释，这里仅要求学生能做到会应用，函数做参数需要专门课时学习。 　　最后，输出统计和排序结果。 ④布置实践任务 　　统计分析的小说：《三国演义》《红楼梦》《水浒传》或者《西游记》等（任选一本），把小说中出现次数最多的 50 个词找出来。	输出：统计和排序结果 学生思考回答，预期答案如下。 open（）打开文件 sanguo.txt read（）读出文件内容。 学生思考回答，回答问题。 以小组为单位，利用教师提供的在线资源，自主完成程序编写。

设计意图：
　　经历使用计算机解决问题的步骤——编写程序。

环节六：调试测试程序	
教师活动	学生活动
教师巡视学生调试的情况，为学生提供实时点评、指导和帮助。	调试测试自己编写的程序，分析、查看程序的运行结果。

设计意图：
　　经历使用计算机解决问题的步骤——调试测试程序。

环节七：优化升级	
教师活动	学生活动
在前面的基础上，能否找到出场频次最高的 10 个人物？ 　　提问：需要解决什么问题？ 　　提示：排除一些人名无关高频词汇，解决人物称谓多元化问题。	完成前期项目的部分学生讨论出优化方案，优化升级程序。 学生思考，回答问题，编写程序。

设计意图：
　　经历使用计算机解决问题的步骤——优化升级，为学有余力的同学提供拓展空间，实现任务分层。

环节八：总结分析	
教师活动	学生活动
教师点评学生提交的作业，强调遵循规范的问题解决步骤。	学生回顾使用计算机解决问题的步骤。

设计意图：
　　巩固使用计算机解决实际问题的步骤。

8. 教学反思与改进

在教学实施过程中，多数学生在一节课结束时没完成编码，原计划 1 课时完成的教学内容，实际上安排 2 课时时间会充分一些，这样可将任务再切分为几个小的子任务，分步骤实施效果会更好。

二、教学设计案例 2：你走我也走

（一）教学内容分析

本课主要内容是目标跟踪算法——KCF 算法的基本原理，使用 Python 编程，实现对物体的跟踪。

在教学内容选择上，通过播放目标跟踪的应用视频来调动学生学习的积极性；教师演示构建一个跟踪器，实现跟踪小猪玩具活动轨迹，组织学生分组讨论，让学生直观感受到编程的乐趣，降低学生的学习难度；通过本节课的学习，学生对目标跟踪算法——KCF 算法解决目标跟踪问题有一个全面的了解，为学习后续内容奠定基础。

（二）学情分析

学习者为高二年级的学生，已经具备一定的信息素养和解决问题的能力，学生在信息技术课中对 Python 语言、OpenCV 技术已经有了初步了解，为本节课的学习奠定了基础。学生对人工智能课程有较大的兴趣，能积极主动地投入到教师组织的活动当中，但对于如何在实践中运用目标跟踪算法实现对实物活动轨迹的实时跟踪，学生还缺乏相关的理论知识和实践经验。

（三）教学目标

表 8-2-1　"你走我也走"教学目标

学习内容		教学目标
你走我也走	信息意识	1. 了解如何使用目标跟踪算法——KCF 算法。 2. 解够在 Visual Studio Code 编辑器中，借助 Python、OpenCV 等编程工具，解决对小猪玩具活动轨迹的实时跟踪问题，增强信息意识。
	计算思维	1. 理解目标跟踪算法——KCF 的基本原理。 2. 实践使用规范化步骤解决实时跟踪问题的步骤（分析问题、抽象建模、设计算法、编写程序、仿真验证和优化升级）。
	数字化学习与创新	利用教师提供的在线学习资源和编程工具，积极主动地开展自主学习和合作探究，对感兴趣的目标物体实现"目标跟踪"的功能。
	信息社会责任	体验实时跟踪技术给人们生活带来的影响，自觉遵守信息科技领域的价值观念、道德责任和行为准则，增强信息社会责任感。

（四）教学重点与难点

教学重点：目标跟踪算法——KCF 的基本原理。

教学难点：使用 Python 编程实现对物体的跟踪。

（五）教学策略与方法

1. 学生在信息技术课程中已经对 Python 语言、OpenCV 有了初步了解，在此基础上，教师运用讲授法和任务驱动法，通过讲解目标跟踪算法的基本原理，让学生初步理解什么是目标跟踪。

2.教师运用演示法和小组讨论法，通过讲解和组织学生分组探究，让学生了解如何利用人工智能中的方法有效解决目标跟踪问题。

（六）教学软硬件选择

教学软硬件选择包括：PPT 课件、有关目标跟踪的应用视频、已安装有 Visual Studio Code 编辑器的计算机、目标移动物体（如小猪玩具）。

（七）教学过程

1.趣味导入

（1）教师播放应用目标跟踪技术的相关视频。

比如在火车站和汽车站的安防系统中需要进行视觉目标跟踪，智能交通系统中对车辆的跟踪，体育赛场中对运动员的跟踪等。

提问：视频中主要介绍了哪些技术呢？

（2）学生以小组为单位进行讨论，每组选出两名代表展示自己组内的讨论结果。

（3）教师选择有代表性的问题进行解答、点评并写板书：目标跟踪。

提问：现实生活中还有哪些目标跟踪的应用场景？

（4）讲述视频数据的结构：随时间变化的一帧帧的图像数据。

【设计意图】

通过让学生观看视频并提问，引导学生从现实生活的各种应用中，理解什么是目标跟踪和视频数据，引入人工智能算法是如何处理视频数据的。进一步通过提问目标跟踪的其他应用场景，激发学生深入学习的兴趣。

2.新课新知

（1）提问：同学们，人工智能是怎么对目标实现实时跟踪的呢？

（2）教师讲解：目标跟踪算法——KCF 跟踪器的技术原理。

【设计意图】

教师引导学生理解目标跟踪算法，使学生初步理解KCF跟踪器的技术原理，培养学生的计算思维能力。

3.实操展示

教师演示：构建一个跟踪器，用于对感兴趣的视觉目标进行跟踪，实现跟踪小猪玩具活动轨迹的功能。

实验工具：Python 和 OpenCV。

实验步骤：

第一步，初始化摄像头并获取第一帧数据。

```
camera = cv2.VideoCapture(0)
_, frame = camera.read()
```

第二步，构建并初始化跟踪器。

```
tracker = cv2.TrackerKCF_create()
box = cv2.selectROI("Frame", frame, fromCenter=False, showCrosshair=True)
tracker.init(frame, box)
```

第三步，循环读取摄像头的每一帧数据，利用跟踪器不断更新目标物体的位置。

```
while True:
    _, frame = camera.read()

    (success, box) = tracker.update(frame)
```

第四步，用显示框标记出跟踪目标。

```
if success:
    (x, y, w, h) = [int(v) for v in box]
    cv2.rectangle(frame, (x, y), (x + w, y + h), (0, 255, 0), 2)

cv2.imshow("Frame", frame)
if cv2.waitKey(1) == ord('q'):
    break
```

第五步，实验现象与分析。

打开计算机的摄像头，标记小猪玩具的初始边界框，然后移动小猪玩具，可以观察到边界框会随着小猪玩具的移动而移动，如图 8-2-1 所示。

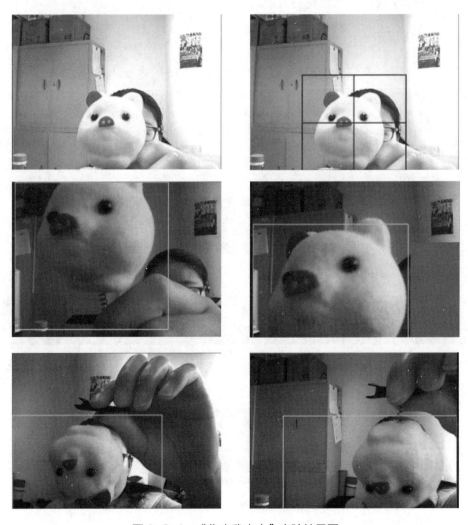

图 8-2-1 "你走我也走"实验结果图

【设计意图】

通过演示对小猪玩具的跟踪，向学生介绍 KCF 跟踪器是如何处理视频数据，以及如何通过编程实现目标跟踪的。

4. 动手体验

小组探究：以班级小组为单位，每组以 3~5 人为宜，构建一个跟踪器，实现利用计算机对感兴趣的目标物体实现"目标跟踪"。

【设计意图】

让学生自己动手，体验并理解目标跟踪的工作原理，培养学生的计算思维能力。

5. 作品展示

（1）每个小组选出一名代表，展示自己组的探究结果。

（2）教师分享并点评。

【设计意图】

总结学生的探究结果，并给完成得较好的小组加分。

6. 知识迁移

（1）小组讨论：本节课所讲的方法有哪些不足之处？处理目标跟踪的方法还有哪些？

（2）每个小组选出代表发言，与大家分享自己组的讨论结果。

（3）教师选择有代表性的问题进行解答和点评，给优秀小组奖励。

【设计意图】

通过讨论目标跟踪的问题，激发学生进一步学习人工智能的兴趣。

7. 课堂总结

通过本节课的学习，同学们了解了人工智能中的目标跟踪技术，初步理解了目标跟踪算法的工作原理，并体验了 KCF 如何解决目标跟踪的问题。

梳理本节课的学习内容，强化学生对使用人工智能算法进行目标跟踪的理解，提高学生的计算思维能力。

8. 教学反思与改进

在实操和体验环节的设计中，由于检测对象的不同，在跟踪检测对象的时候，可能会出现误检、跟踪丢失等演示失败的状况，尤其是学生在动手体验时更容易出现意想不到的情况。这就需要教师在上课之前充分掌握教学工具的使用方法，以便提高课堂应变能力。

三、教学设计案例 3：三种漂亮的鸢尾花

本课的主要内容是理解支持向量机以及多类分类方法的基本原理，在 Visual Studio Code 编辑器中，借助 Python 语言，编程实现对三种鸢尾花的区分。

在教学初始阶段，教师通过展示鸢尾花的三种属种并讲解，进而引入鸢尾花卉数据集的概念，调动学生学习的积极性；教师通过讲解分类边界、支持向量、支持向量机的基本概念，演示训练一个分类器，实现通过样本的 4 个特征来推断鸢尾花的属种；教师通过让学生分组讨论和让学生参与具体的编程设计过程，带领学生感受人工智能的魅力；通过本节课的学习，提升学生对利用支持向量机的方法解决分类问题的认识。

案例详情请扫描下方二维码。

教学设计案例 3：三种漂亮的鸢尾花

四、教学设计案例 4：手写数字图片的识别

（一）教学内容分析

本课的主要内容是使用 Python 编程，构建神经网络模型，训练 LeNet 卷积神经网络进行手写数字的识别。

在教学内容选择上，教师通过播放各种数据识别的视频来调动学生学习的积极性；教师通过构建神经网络模型，实现训练 LeNet 卷积神经网络识别手写数字；教师通过组织学生分组讨论，让学生直观感受到编程的乐趣，降低学生的学习难度；通过本节课的学习，学生了解卷积神经网络的基本原理，体验卷积神经网络如何解决图像识别问题。

（二）学情分析

高二年级的学生已经具备一定的信息素养和解决问题的能力，学生在信息技术课中对 Python 语言和神经网络的相关知识已经有了初步了解，为本节课的学习奠定了基础。学生对如何进行数字图片的识别有较大兴趣，有利于教师

结合具体的问题开展课堂教学。

（三）教学目标

表 8-4-1　"手写数字图片的识别"教学目标

学习内容		教学目标
手写数字图片的识别	信息意识	学生在 Visual Studio Code 编辑器中，借助 Python 语言，通过协同合作的方式，完成训练 LeNet 卷积神经网络进行手写数字的识别，形成自主动手解决问题、掌握卷积神经网络基本原理的意识。
	计算思维	1. 学生在训练 LeNet 卷积神经网络进行手写数字识别的过程中，能进行抽象、分解、建模、算法设计等思维活动。 2. 实现模拟、仿真、优化解决问题的方案。
	数字化学习与创新	能在 Visual Studio Code 编辑器中，借助 Python 语言编程，实现训练 LeNet 卷积神经网络进行手写数字的识别。
	信息社会责任	体验手写数字图片识别技术给人们生活带来的影响，形成利用信息科技合作的意识。

（四）教学重点与难点

教学重点：卷积神经网络的基本原理。

教学难点：使用 Python 编程训练 LeNet 神经网络进行手写数字的识别。

（五）教学策略与方法

1. 运用讲授法和任务驱动法，教师通过讲解卷积神经网络的基本原理，让学生初步理解什么是卷积神经网络。

2. 运用演示法和小组讨论法，教师通过讲解和组织学生分组探究，让学生了解如何利用人工智能的方法有效解决图像识别问题。

（六）教学软硬件选择

这节课的教学软硬件选择包括 PPT 课件、包含各种数据识别的视频（比如信封上手写邮政编码的识别）、包含各种手写数字图片的数据集，已安装有 Visual Studio Code 编辑器的计算机。

（七）教学过程

这节课的教学过程包括以下 8 个方面。

1. 趣味导入

（1）教师播放各种数据识别的视频，讲述应用背景，引入新课。

（2）讲解手写数字图像数据。

采用 MNIST 数据集，该数据集里面包含各种手写数字图片，每一张图片都有其对应的标签标记这张图中的数字，如图 8-4-1 所示为手写数字图片举例。

图 8-4-1　手写数字图片举例

（3）提问：从上面的图片可以看出，人是很容易对它们进行识别的，那么机器如何准确地进行识别呢？

（4）学生以小组为单位讨论，每组选出两名代表讲解自己组的讨论结果。

（5）教师选择有代表性的问题进行解答，点评并板书关键信息：

人的大脑中存在一种专门处理数字的神经元集丛，通过与图片上的数字对比来识别数字；与之类似的是，计算机也可以提取图片中的数字特征，通过辨别相似度进而识别图片中的数字。

【设计意图】

以实际问题为背景，让学生理解什么是图像数据，引入人工智能算法是如何处理图像数据的。

2. 新课新知

教师讲解：

（1）什么是图像纹理？

比如同一树种的木材有相同或相似的纹理，人们通过木纹的特征，识别木材的树种和材质等特性。

（2）什么是图像模板？

用于比对的图像样本的就是图像模板。

（3）什么是卷积？

卷积是计算相似度的一种方法。

（4）什么是卷积神经网络？

卷积神经网络是一个专门针对图像识别问题设计的神经网络，内部有多个卷积层。通过多次卷积操作可以有效提取图像中的高级纹理特征，如图 8-4-2 所示是卷积神经网络示意图。

图 8-4-2　卷积神经网络示意图

（5）LeNet 神经网络的结构是怎样的？

如图 8-4-3 所示为 LeNet 神经网络结构图。

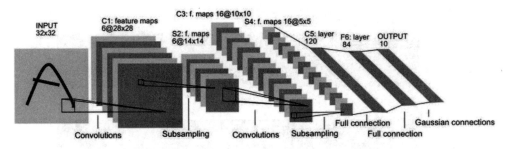

图 8-4-3　LeNet 神经网络结构图

【设计意图】

教师通过讲解卷积、卷积神经网络、LeNet 神经网络结构这些知识，使学生较快地获取理论知识，进而理解卷积神经网络的基本原理，培养学生的计算思维能力。

3. 实操展示

实验目的：训练一个分类器，识别图像中的手写数字。

实验工具：Python、OpenCV、Pytorch、NumPy。

实验步骤：

第一步，导入教师课前准备好的数据集。

```python
train_images, train_labels = np.load('train_images.npy'), np.load('train_labels.npy')
train_images, train_labels = torch.from_numpy(train_images), torch.from_numpy(train_labels)

vaildation_images, vaildation_labels = np.load('vaildation_images.npy'), np.load('vaildation_labels.npy')
vaildation_images, vaildation_labels = torch.from_numpy(vaildation_images), torch.from_numpy(vaildation_labels)

test_images, test_labels = np.load('test_images.npy'), np.load('test_labels.npy')
test_images, test_labels = torch.from_numpy(test_images), torch.from_numpy(test_labels)
```

第二步，构建神经网络模型。

```python
net = nn.Sequential(
    nn.Conv2d(1, 6, 5, padding=2), nn.ReLU(),
    nn.MaxPool2d(2),
    nn.Conv2d(6, 16, 5), nn.ReLU(),
    nn.MaxPool2d(2),
    nn.Flatten(),
    nn.Linear(16 * 5 * 5, 120), nn.ReLU(),
    nn.Linear(120, 84), nn.ReLU(),
    nn.Linear(84, 10)
)
```

第三步，定义损失函数和优化器。

```
criterion = nn.CrossEntropyLoss()

optimizer = optim.Adam(net.parameters(), lr=0.01)
```

第四步，训练模型，并保存最优模型。

```
for epoch in range(50):
    train_prediction = net(train_images)
    train_loss = criterion(train_prediction, train_labels)

    vaildation_prediction = net(vaildation_images)
    vaildation_loss = criterion(vaildation_prediction, vaildation_labels)

    print(epoch, train_loss.item(), vaildation_loss.item())

    if vaildation_loss.item() < best_loss:
        best_loss = vaildation_loss.item()
        torch.save(net, 'net.torch')

    optimizer.zero_grad()
    train_loss.backward()
    optimizer.step()
```

第五步，测试模型。

```
net = torch.load('net.torch')
test_prediction = net(test_images)
```

第六步，实验现象与分析。

如图 8-4-4 所示是训练数据集和验证数据集上的损失函数值，其中横坐标是训练的回合数。

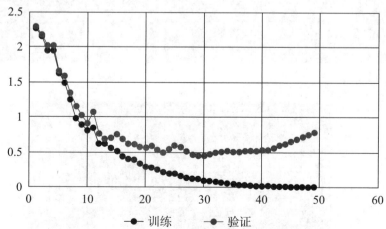

图 8-4-4　训练数据集和验证数据集上的损失函数值图

测试集的输入：

图 8-4-5　输入的数字图

测试集的标签：

7，9，6，6，9，3，9，1，4，7

在测试集上的输出：

图 8-4-6　输出的数字图

这是从测试集中随机选取 10 个数字进行测试的结果，图 8-4-5 和图 8-4-6 给出了一组对比结果，从结果中可以看出，真实值和预测值只有一个不一致。

【设计意图】

教师通过对卷积神经网络使用方法的演示和利用编程实现处理图像识别的问题，向学生介绍卷积神经网络是如何解决图像识别问题的。

4. 动手体验

小组探究：以班级小组为单位，每组以 3~5 人为宜，利用卷积神经网络的方法，在计算机上实现对一张图片中数字的识别。

【设计意图】

让学生自己动手，体验并理解卷积神经网络的基本原理，培养学生的计算思维能力。

5. 作品展示

（1）每个小组选出一名代表，展示自己组的探究结果。

（2）教师向其他组的学生介绍优秀的小组作品，并点评。

【设计意图】

总结学生的探究结果，对没有完成任务的小组给出建议，并给完成较好的小组奖励。

6. 知识迁移

（1）小组讨论：处理图像识别问题的方法还有哪些？

（2）每个小组选出代表发言，与大家分享自己组的讨论结果。

（3）教师选择有代表性的问题进行解答和点评，给优秀小组奖励。

【设计意图】

通过讨论处理图像识别问题的其他方法，激发学生进一步学习人工智能的兴趣。

7. 课堂总结

通过本节课的学习，同学们了解了人工智能中的卷积神经网络技术，初步理解了它们的工作原理，并体验了卷积神经网络解决图像识别问题的过程。

注意：卷积神经网络只是人工智能处理图像识别问题的一种方法，还有很多种机器学习算法，有兴趣的同学课下可以进一步探讨。

【设计意图】

梳理本节课的学习内容，强化学生对使用人工智能进行图像识别的理解，提高学生的计算思维能力。

8. 教学反思与改进

教师在教学过程中应做好学生学习进程的跟踪和引导。本课时需要讲解卷积神经网络及其基本原理，对学生的学习技术理论的要求比较高，教师可以采用讲授法进行教学，对于探究性学习要适度安排，不宜过多。

实操和体验环节的设计中，由于待识别的手写数字与训练所用的图片样本差异过大，在识别的时候，可能会出现误检、检测不出等演示失败的情况，尤其是学生在动手体验时更容易出现意想不到的情况。这就需要教师有很好的课堂应变能力，这也是教师在今后教学实践中需要不断学习和提高的方面。

五、教学设计案例5：骑士解救公主游戏

本课的主要内容是了解强化学习 Q-learning 算法的基本原理，在 Visual Studio Code 编辑器中，借助 Python 语言，找到骑士解救公主游戏的最佳路线。

在教学初始阶段，教师通过播放骑士解救公主故事的视频来调动学生学习的积极性；教师讲解 Q-learning 算法，演示训练一个机器自动完成游戏任务；通过学生分组讨论和具体的游戏过程，让学生感受到编程的乐趣，降低学生的学习难度；通过本节课的学习，学生了解 Q-learning 算法的基本原理，体验如何训练机器自动完成游戏任务。

案例详情请扫描下方二维码。

教学设计案例5：骑士解救公主游戏

本章回顾与反思

小结

总结一下这一章的内容，可以用下图一览全貌。

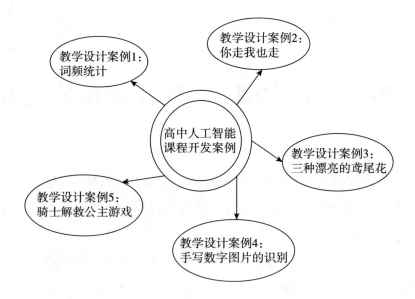

回顾与反思

通过这一章的学习，请尝试解决以下问题。

1. 使用项目式教学法，试着设计一节高中人工智能课程内容并实施。

2. 综合使用形成性评价、诊断性评价和终结性评价对一节高中人工智能课堂教学的效果进行评价。

参考文献

陈凯泉，何瑶，仲国强，2018. 人工智能视域下的信息素养内涵转型及 AI 教育目标定位：兼论基础教育阶段 AI 课程与教学实施路径［J］. 远程教育杂志，36（1）：61-71.

方圆媛，黄旭光，2020. 中小学人工智能教育：学什么，怎么教：来自"美国 K-12 人工智能教育行动"的启示［J］. 中国电化教育，（10）：32-39.

费海明，2017. 人工智能启蒙教育让人"怦然心动"［J］. 中国信息技术教育（22）：72-73.

贾积有，2018. 人工智能赋能教育与学习［J］. 远程教育杂志，36（1）：39-47.

李建，孟延豹，2018. 充分利用多种教学 APP，开展人工智能课程：教学、社团、比赛相结合［J］. 中国信息技术教育（15）：69-70.

梁迎丽，刘陈，2018. 人工智能教育应用的现状分析、典型特征与发展趋势［J］. 中国电化教育（3）：24-30.

卢宇，汤筱玙，宋佳宸，等，2021. 智能时代的中小学人工智能教育：总体定位与核心内容领域［J］. 中国远程教育（5）：22-31+77.

彭绍东，2021. 人工智能教育的含义界定与原理挖掘［J］. 中国电化教育（6）：49-59.

彭绍东，2002. 信息技术教育学［M］. 长沙：湖南师范大学出版社：399-417.

史晓燕，2016. 教育测量与评价［M］. 北京：北京师范大学出版社.

汤晓鸥，陈玉琨，2018. 人工智能基础：高中版［M］. 上海：华东师范大学出版社.

王本陆，千京龙，卢亿雷，等，2018. 简论中小学人工智能课程的建构［J］. 教育研究与实验（4）：37-43.

王长华，2020.中小学人工智能教育存在的问题与对策［J］.中小学信息技术教育（10）：63-65.

王万森.人工智能［M］.北京：人民邮电出版社，2011.

王振强，2019.中小学人工智能教育现状问题与思考［J］.中国现代教育装备（22）：1-5.

吴永和，刘博文，马晓玲，2017.构筑"人工智能 + 教育"的生态系统［J］.远程教育杂志.35（5）：27-39.

武迪，张思，赵玥，等，2019.横向跨学科纵向分层次人工智能课程的设计与实施［J］.中小学信息技术教育（6）：21-23.

肖高丽，梁文明，2018.中小学实施人工智能课程的意义、挑战与对策［J］.教学与管理（22）：70-72.

谢忠新，曹杨璐，李盈，2019.中小学人工智能课程内容设计探究［J］.中国电化教育（4）：17-22.

谢忠新，2017.关于计算思维进入中小学信息技术教育的思考［J］.中小学信息技术教育（10）：38-42.

谢作如，2016.创客教育的 DNA［J］.人民教育（10）：28-31.

闫志明，唐夏夏，秦旋，等，2017. 教育人工智能（ＥＡＩ）的内涵、关键技术与应用趋势：美国《为人工智能的未来做好准备》和《国家人工智能研发战略规划》报告解析［J］.远程教育杂志，35（1）：26-35.

姚玉华，陈仕品，2019.高中阶段人工智能教材内容设计研究［J］.中国教育信息化（11）：42-46.

于成丽，胡万里，刘阳，2019.美国发布新版《国家人工智能研究与发展战略计划》［J］.保密科学技术（9）：35-37.

张佳维，2021.浅谈人工智能教育［J］.晨刊（1）：59-60.

张家华，张剑平，2007.国内外中学人工智能课程的现状及其教学反思［C］// 中国教育技术协会.中国教育技术协会信息技术教育专业委员会第三届学术年会论文集.北京：中国教育技术协会：93-97.

张建彬，2019.初中人工智能课程建设初探［J］.中小学信息技术教育

（12）：62-64.

郑少艾，1998.美国中学信息技术课程［J］.课程·教材·教法（7）：
57-59.

周建华，李作林，赵新超，2018.中小学校如何开展人工智能教育：以人
大附中人工智能课程建设为例［J］.人民教育（22）：72-75.

Bahrammirzaee，2010. A comparative survey of artificial intelligence applications in finance：Artificial neural networks，expert system and hybrid intelligent systems［J］. Neural computing and applications，19（8）：1165-1195.

McCorduck，2004. Machines who think：a personal inquiry into the history and prospects of artificial intelligence［M］. 2nd ed. Natick，MA：A. K. Peters，Ltd.

Nilsson，1983. Artificial Intelligence Prepares for 2001［J］. AI Magazine，4（4）.

Winston，1984. Artificial Intelligence［M］. 2nd ed. Los Angeles：Addison-Wesley Publishing Company.